Facile & bio

Gâteaux et douceurs à IG bas

Marie Chioca

terre vivante

Sommaire

Gâteaux et douceurs à IG bas

Depuis 1979, Terre vivante vous fait partager ses expériences en matière d'écologie pratique : jardinage bio, habitat écologique, alimentation saine et bien-être, consommation responsable... à travers :

> l'édition de livres pratiques ;
> le magazine *Les 4 Saisons du jardin bio* ;
> des jardins écologiques, proposant des stages pratiques ;
> un portail Internet, www.terrevivante.org.

Livre éco-conçu

Terre vivante a réalisé en 2010 la première analyse du cycle de vie (ACV) d'un livre en France. Cette étude nous a permis d'identifier les impacts de la fabrication d'un livre sur l'environnement, dans l'objectif de les limiter.
Fabriquer des livres, quels impacts sur l'environnement ? sur www.terrevivante.org

Le papier choisi pour cet ouvrage est issu de pâte vierge produite écologiquement en Europe à partir de forêts gérées durablement. Il ne provient pas de pâte à papier fabriquée aux quatre coins du monde !
Ce livre est de plus imprimé en France, par un imprimeur soucieux de préserver l'environnement à travers des actions d'économies d'énergie, de valorisation des déchets, d'utilisation de produits moins nocifs pour la santé des travailleurs...

Le catalogue des ouvrages publiés par **Terre vivante** est disponible sur simple demande et sur Internet.

Terre vivante,
domaine de Raud, 38710 Mens.
Tél. : 04 76 34 80 80.
Fax : 04 76 34 84 02.
Email : info@terrevivante.org
www.terrevivante.org

Photographies : Marie Chioca
Conception graphique : Crumbleshop.com
Réalisation de la couverture : Véronique Lefebvre
Réalisation de l'intérieur : Marie Housseau
Coordination éditoriale : Julie Delaere
Photogravure : C'limage

ISBN 978-2-36098-199-1 – ISSN 2108-9515

Introduction

* L'indice glycémique

Qu'est-ce que l'indice glycémique ?

L'indice glycémique (IG) est une valeur permettant de décrire, comparer et classer les aliments en fonction de leur influence sur l'élévation de la glycémie sanguine pendant les heures suivant l'ingestion.
Certains aliments ont un indice glycémique élevé, d'autres un indice glycémique moyen, d'autres enfin un indice glycémique bas.
Il peut se révéler important, et nous allons voir pourquoi, de connaître l'indice glycémique des aliments si l'on est en surpoids, sportif, diabétique, ou si l'on souhaite tout simplement rester en forme.

IG bas, IG haut... Quel impact sur l'organisme ?

Les aliments à IG élevé provoquent un pic de glycémie brutal et important dans le sang, mais de courte durée.
Cet effet peut parfois être recherché pour donner un « coup de fouet » pendant un effort intense par certains sportifs, mais dans la vie courante, **il vaut mieux limiter ces apports de sucres trop brutaux qui provoquent une réponse néfaste de l'organisme**.
En effet, devant cette brusque élévation de la glycémie sanguine, le pancréas va se mettre à sécréter de l'insuline, laquelle sera chargée de stocker ce glucose excédentaire dans les cellules adipeuses. En bref, ces pics de glycémie nous font grossir.
En outre, une fois ce brusque pic de glycémie passé (et donc stocké sous forme de graisses !), apparaît une hypoglycémie dite « réactionnelle » : on se sent « vidé », fatigué, parfois même à la limite du malaise,

et prêt à se ruer sur n'importe quel paquet de biscuits ou soda car le cerveau, en manque soudain de glucose, nous pousse à reconsommer «en mode panique» des aliments riches en sucres rapides. De surcroît, cette alternance de pics glycémiques suivis d'hypoglycémie réactionnelle crée un cercle vicieux qui fatigue le pancréas et favorise le syndrome métabolique, à l'origine de nombreuses maladies, dont les problèmes de surpoids.
À l'inverse, les aliments à IG bas ne provoquent qu'une élévation douce, longue et progressive du glucose sanguin. L'organisme et le cerveau sont donc parfaitement bien alimentés en glucose, mais comme celui-ci ne dépasse pas le seuil «critique» de glycémie sanguine au-delà duquel le pancréas déclenche la réponse insulinique, ce sucre n'est pas stocké sous forme de graisses.

Voilà pourquoi une alimentation à IG bas aide à se sentir rassasié et en forme plusieurs heures après les repas, sans fringales ni «coups de pompe». Le cerveau ne nous pousse plus vers des grignotages sucrés néfastes, et les personnes en excès de poids fondent à vue d'œil sans être affamées par des régimes déprimants et dangereux... Ce mode d'alimentation, très équilibré et proche de ce que pratiquaient intuitivement nos ancêtres avant l'ère de la pomme de terre, du sucre blanc et des céréales raffinées, ne provoque **pas de carences**, et ne présente **absolument aucun effet secondaire**. Cela permet même de réapprendre à bien manger en privilégiant les **aliments sains et complets**, tout en limitant les risques de problèmes de santé assimilés au nouveau mode de vie des pays «riches», tels que le diabète, l'obésité, les maladies cardio-vasculaires, les infections mycosiques, virales ou bactériologiques, les maladies dites «dégénératives», l'acidose chronique (terrain entre autres des caries et de l'ostéoporose), les baisses immunitaires, ou même certains cancers.

Comment se définit l'indice glycémique d'un aliment ?

Par convention, on a attribué en Europe un IG de 100 au glucose pur, l'aliment de référence auquel sont comparés les autres aliments testés[1].
Pour mesurer l'IG d'un aliment, on fait consommer à un panel de personnes une portion de cet aliment contenant 50 g de glucides (et non pas 50 g de l'aliment, comme beaucoup le pensent), puis on pratique plusieurs tests de glycémie à intervalles réguliers dans les deux heures suivant l'ingestion. On compare la moyenne des courbes de glycémie ainsi obtenues avec celle du glucose pour définir l'indice glycémique (IG) de l'aliment testé.
Par exemple, quand un aliment présente un IG de 75 (riz blanc, pomme de terre...), cela signifie qu'il présente 75 % de l'effet glycémiant du glucose pur.
À peu de chose près, les aliments ayant un IG supérieur à 60 sont considérés comme des aliments à IG plutôt élevé, ceux autour de 50 comme des aliments à IG moyen, et enfin, ceux dont l'IG est inférieur à 40 comme des aliments à IG bas. Selon les sources, les valeurs peuvent légèrement varier pour un même aliment, mais le tout est d'avoir un ordre d'idée afin de savoir lesquels privilégier.
En pratique, ces mesures ont littéralement révolutionné la classification un peu empirique «sucres lents/sucres rapides» en combattant beaucoup d'idées reçues! Ainsi, la pomme de terre ou le riz blanc, longtemps considérés comme des «sucres lents», ont en fait un indice glycémique très élevé. À l'inverse, le chocolat noir et de nombreux fruits considérés, à tort, comme des sucres rapides, présentent un IG bas...

1- Aux USA, l'indice 100 est plutôt attribué au pain blanc qui sert de référence, d'où les différences de «notation» dans les tables d'IG avec l'Europe.

Le chocolat : un IG d'autant plus bas qu'il sera choisi bien noir.

Manger à IG bas, oui, mais équilibré !

Cependant, le seul indice glycémique bas d'un aliment ne suffit pas à en faire un atout santé ! Pour reprendre l'exemple du chocolat, ne remplacez pas la portion de céréales de votre déjeuner par une tablette de chocolat noir ! Ni votre tartine de pain complet du petit-déjeuner par 200 g de saucisson sous prétexte que « ça a un IG plus bas » Le beurre, la charcuterie, les laitages ou la viande par exemple ont un IG proche de zéro, mais doivent néanmoins n'être consommés qu'avec parcimonie, comme tous les aliments riches en graisses saturées. Tout est question de mesure, d'équilibre et de bon sens... En règle générale, pour mincir et être en bonne santé, il faut limiter, en plus des glucides à IG élevé, les graisses saturées présentes dans les viandes grasses, les produits laitiers, et les huiles hydrogénées. Il faut également composer ses menus en tenant compte d'un bon équilibre alimentaire, associant fruits et légumes frais les moins traités possibles, céréales complètes et légumineuses, huiles végétales de première pression à froid (et/ou graines oléagineuses), ainsi que protéines animales ou végétales en quantité raisonnable, afin de répondre aux besoins de l'organisme sans excès[1]. La bonne nouvelle, c'est que les **douceurs sucrées peuvent tout à fait rentrer dans le cadre d'une alimentation équilibrée favorable à la minceur et à la santé, en respectant toutefois ces trois conseils primordiaux** :

1 **Éviter les excès :** pour cela, réhabituons nos papilles à consommer **moins sucré, moins souvent**. Inutile de prendre des desserts tous les jours, et encore moins à tous les repas ! Réhabilitons plutôt les fruits frais ou secs, deux ou trois carreaux de chocolat très noir de temps en temps, et réservons les petites gourmandises « maison » de type biscuits, gâteaux, crèmes desserts, etc. aux occasions plus festives ou aux pauses gourmandes partagées entre amis ou en famille dans la convivialité, tout en gardant une fréquence « raisonnable » à adapter en fonction de votre santé (diabète ou pas), de votre mode de vie (plutôt sportif ou sédentaire), ou encore de votre projet minceur. En fonction de ces divers paramètres, la fréquence des gourmandises sucrées « maison » peut varier d'un seul dessert par semaine (pour une personne ayant vraiment besoin de lutter drastiquement contre les apports sucrés pour cause de diabète sévère ou de candidose par exemple) à quatre ou cinq (pour une personne à la fois en bonne santé, n'ayant que peu de poids à perdre et faisant de l'exercice).

2 **Faire la pause sucrée à l'heure du goûter,** moment idéal en chrononutrition où le corps a besoin de sucre, et l'utilise au mieux, plutôt qu'au dessert de midi ou du repas du soir, car cela complique considérablement la digestion, et le sucre apporté à ces moments-là est en outre catastrophiquement stocké[2].

3 **Faire en sorte que ces gourmandises sucrées soient saines** (sans excès de beurre ou de crème par exemple) **et à IG bas**... Et c'est bien là tout le but de cet ouvrage !

* Dans vos placards...

Pour réaliser de délicieuses recettes sucrées à IG bas, il vous faudra adopter de nouveaux réflexes quant aux ingrédients à utiliser. Il existe en effet de très nombreuses alternatives au sucre blanc ou roux et aux farines raffinées (qui présentent un IG très élevé) ainsi qu'aux laitages riches en lactosérum (comme le lait ou les yaourts, qui ont un IG plutôt bas sur le papier mais qui affolent un peu la production d'insuline lors de leur consommation, ce qui induit un « stockage » beaucoup plus important des sucres

1- Pour des conseils beaucoup plus détaillés sur un bon équilibre alimentaire favorable à la minceur, la forme et la santé, ainsi que des exemples de menus équilibrés selon les moments de la journée, voir *La cuisine de la minceur durable* de Marie Chioca et Brigitte Fichaux, même éditeur.

2- *Ibid.*

consommés en même temps). Cependant, comme certains de ces aliments à IG bas sont soit très chers, soit trop compliqués à trouver, soit même tout simplement peu gourmands dans les pâtisseries, j'ai pris le parti de privilégier ceux qui me semblaient mériter une « bonne note » à tous points de vue (pas trop hors du prix, facile à trouver – du moins en magasin bio – et donnant une texture ou une saveur sublimes aux pâtisseries). Voici donc un petit aperçu de mon « placard » idéal...

Du côté des sucres...

Si certains sucres naturels à IG bas (je n'évoquerai même pas le cas des édulcorants de synthèse !) présentent de nombreux intérêts, **il n'y a pas non plus de « remplaçant miracle » et universel pour se gaver de sucre à l'excès** : tout est question d'équilibre, de bon sens et de variété, comme l'indiquent ces deux « règles d'or » qui vous aideront à prendre soin de votre santé :

- **Habituer progressivement ses papilles à très peu sucrer.**
- **Varier les différents sucrants naturels à IG bas.**

Le sirop d'agave

Extrait de la sève d'une plante grasse d'Amérique du Sud (l'agave bleue, qui donne aussi la fameuse tequila), le sirop d'agave présente un indice glycémique de 15 à 30 (selon les sources), ce qui en fait une excellente alternative au sucre.

Moins acidifiant et cariogène que le sucre de table, il contient cependant beaucoup de fructose et ne doit donc pas être consommé avec excès (voir encadré p. 13 à ce sujet).

En pâtisserie, le sirop d'agave fait des merveilles : un parfum à la fois discret et délicieux, une texture sirupeuse fluide et moins visqueuse que le miel, une affinité particulière avec le chocolat dont il fait ressortir le parfum, un effet humectant permettant l'obtention de gâteaux particulièrement moelleux (y compris lorsqu'on utilise des farines complètes !), une parfaite dilution à froid, des coulis brillants, des glaces et sorbets sans cristaux... Un vrai bonheur en pâtisserie ! Son pouvoir sucrant est en moyenne 1,5 à 2 fois plus élevé que celui du sucre blanc (50 à 60 g de sirop d'agave = 100 g de sucre blanc environ).

Privilégiez toujours l'achat de sirop d'agave bio (produit par évaporation et concentration de la sève d'agave.

Ses défauts ? Cuit trop longtemps ou à trop haute température, il développe des arômes un peu amers. D'autre part, sachez qu'il est difficile d'obtenir des consistances bien croquantes avec du sirop d'agave : pour les biscuits et les pâtes à tartes, on lui préférera le sucre de coco (voir plus bas).

Le miel d'acacia

L'indice glycémique fluctue beaucoup d'une variété de miel à l'autre, mais seul le miel d'acacia présente un faible IG (de 30 à 45).

Son parfum est en outre beaucoup plus discret que celui des autres miels, ce qui lui évite « d'écraser » la saveur d'un dessert au chocolat par exemple. Comme le sirop d'agave, il apporte du moelleux aux pâtes à gâteaux et se dilue assez bien à froid (moins cependant que le sirop d'agave, car il est plus visqueux). Le miel d'acacia a un pouvoir sucrant généralement moins élevé que le sirop d'agave, mais un peu plus élevé que le sucre de canne. Si vous ne savez pas trop comment le doser dans vos recettes, voici un ordre d'idée : 100 g de sucre = environ 60 à 70 g de miel.

Du côté des « défauts », sachez que le miel brunit parfois un peu vite au four, perd de ses propriétés nutritionnelles et médicinales en cuisant, et reste hélas un peu onéreux...

Le sucre de coco

Le sucre de fleur de coco (parfois appelé tout simplement « sucre de coco ») remplace à merveille le sucre de canne complet (même texture, même pouvoir sucrant). Il permet d'obtenir des textures bien croquantes dans les biscuits ou pâtes à tartes. Un peu plus onéreux que le sucre, il est néanmoins de plus en plus facile à trouver en magasin bio.

Sucre de Coco
Sirop d'Agave
Sucre de Bouleau
Miel d'Acacia

Du côté de ses inconvénients, sachez qu'il est lui aussi assez riche en fructose. Consommé raisonnablement, c'est un excellent produit, reminéralisant, peu acidifiant, peu cariogène et contenant même beaucoup d'antioxydants.

Le sucre de bouleau

Consommé depuis longtemps dans les pays nordiques, ce sucre, aussi appelé «xylitol», présente un indice glycémique au ras des pâquerettes (7 !) et semble donc être une bonne alternative au sucre blanc.

Tout blanc, de goût très discret, le xylitol ressemble comme deux gouttes d'eau au sucre blanc, si ce n'est qu'il laisse en bouche une note fraîche très surprenante.

Le sucre de bouleau présente à froid le même pouvoir sucrant que le sucre blanc ou roux, pouvoir qui augmente de 30 à 50 % lors de la cuisson. Il faut donc toujours bien penser à adapter les proportions en fonction de la recette.

En pâtisserie, le sucre de bouleau s'utilise comme le sucre de table, si ce n'est qu'il ne caramélise pas. Légèrement humectant, il ne permet pas non plus d'obtenir des textures très croustillantes (mieux vaut dans ce cas privilégier le sucre de coco). Vous le trouverez principalement sous deux formes : en poudre ou en version «impalpable» comme du sucre glace. Il ne teinte pas les préparations et permet de très jolis décors en remplacement du sucre glace raffiné.

Du côté des précautions d'emploi, sachez que le sucre de bouleau présente des propriétés laxatives qui peuvent perturber les intestins fragiles : il faut donc s'habituer doucement à son introduction et ne pas dépasser 50 g par jour.

Il est aussi assez onéreux (pour cette raison, je ne l'utilise dans les recettes que lorsque son usage est vraiment incontournable – pour ne pas teinter une crème par exemple) et encore un peu difficile à trouver (voir «bonnes adresses», p. 119), bien que son usage se répande beaucoup depuis quelques années en France.

Sucre de bouleau.

La question du fructose

Longtemps considéré comme la « panacée » pour les personnes diabétiques ou en surpoids, le fructose est maintenant sous le feu des controverses scientifiques : certes, il présente un indice glycémique bas, ménage les dents, ne provoque pas d'hypoglycémie réactionnelle. Mais ses effets – **à haute dose** – sur la santé, sont très préoccupants : hausse des triglycérides dans le sang, perturbation de la sensation de satiété, dégénérescence graisseuse du foie, augmentation du taux de ghréline (hormone qui stimule l'appétit)… même ses effets supposés bénéfiques sur la prévention du diabète et de l'obésité sont remis en cause.

Le danger direct vient surtout du fructose industriel obtenu par transformation enzymatique de l'amidon de maïs : le fameux sirop de glucose-fructose (du sirop de maïs à haute teneur en fructose) qui inonde le marché des sodas et pâtisseries industrielles, mais aussi le fructose cristallisé en poudre (un faux « produit santé »), consommé régulièrement par certaines personnes au régime ou diabétiques pensant bien faire.

Le cas du fructose présent de façon naturelle dans les fruits est tout à fait différent : il ne résulte pas d'une transformation chimique industrielle, et la consommation de fruits reste non seulement compatible, mais même indispensable à une alimentation saine et équilibrée. En ce qui concerne le miel d'acacia, le sucre de coco et les fruits séchés, ils présentent une teneur en fructose un peu plus concentrée et doivent être consommés de façon raisonnable afin de profiter de leurs nombreux bienfaits sans effets secondaires.

Le cas du sirop d'agave est encore à part : vous devez **absolument** l'acheter en bio et de bonne qualité, car il semblerait que sa composition puisse beaucoup varier selon son procédé de fabrication, la maturité des agaves au moment de l'extraction, etc.

Comme le miel, les fruits séchés et le sucre de coco, il peut tout à fait rentrer dans le cadre d'un régime alimentaire sain et équilibré à condition d'être consommé ponctuellement, par exemple trois ou quatre fois par semaine dans un bon dessert maison, un laitage ou une boisson, **mais ne pourra en aucun cas remplacer « miraculeusement » le sucre de table pour les personnes ayant pour (mauvaise) habitude alimentaire de trop sucrer systématiquement** les cafés, laitages, salades de fruits, etc. et/ou de consommer des desserts quasiment à tous les repas !

L'idéal étant vraiment, comme énoncé plus haut, de rééduquer son palais afin de consommer moins sucré tout en prenant autant de plaisir… Sans oublier de varier les différents sucrants naturels à IG bas afin d'optimiser leurs bienfaits tout en évitant une trop forte consommation d'un seul d'entre eux, pouvant induire à terme des effets indésirables (mais n'oublions pas que le sucre blanc ou roux présente déjà en lui-même une foultitude de méfaits pour la santé, d'où l'intérêt de lui chercher des alternatives naturelles plus saines, même si elles ne sont pas « parfaites » !)

Du côté des farines...

L'indice glycémique de la farine de blé blanche (T45, T55, T65...) utilisée en pâtisserie traditionnelle est très élevé. Il en existe heureusement de bonnes alternatives, à condition toutefois de bien savoir les choisir, afin que le résultat soit certes à indice glycémique bas, mais surtout très gourmand ! Ainsi, je n'ai pas retenu pour cet ouvrage certaines farines présentant un indice glycémique bas (farines de pois chiches, de coco, de souchet...), mais dont les « performances » en pâtisserie ne sont pas terribles côté texture ou saveur. En revanche, si vous invitez dans vos placards les cinq « farines » qui suivent, vous pourrez réaliser toutes les recettes de ce livre et bien vous régaler !

La farine d'orge mondé

À ne pas confondre avec l'orge perlé (qui est raffiné), cette farine présentant un IG très bas doit généralement être « panachée » avec une autre levant mieux pour donner le meilleur d'elle-même. Comme elle n'est pas présente dans tous les magasins bio, n'hésitez pas à la commander sur Internet (voir bonnes adresses, p. 119), car c'est un « must » de la pâtisserie à IG bas... Sa saveur est discrète, sa couleur d'un blanc légèrement grisé.

Respectez les proportions !

Respectez bien les proportions données dans les recettes, car le ratio « farine d'orge/farine d'épeautre » ou « farine d'orge/son d'avoine » est le fruit de beaucoup d'essais pour arriver à un résultat idéal.

La farine de petit épeautre

Celle que j'utilise pour cet ouvrage est complète mais non intégrale (cela correspond au blutage « T110 »). Ne la remplacez pas, croyant bien faire, par de la T150, car le bénéfice serait tout à fait négligeable du point de vue de l'indice glycémique, pour un résultat beaucoup plus lourd d'un point de vue gustatif. Comme la farine d'orge, celle de petit épeautre contient peu de gluten, et ce dernier est beaucoup plus digeste que celui des blés modernes. Elle conviendra donc bien aux personnes légèrement sensibles à cette protéine (mais pas aux personnes réellement allergiques). Sa saveur « beurre-noisette » est absolument délicieuse (surtout quand elle est bien fraîche, car après elle tend à rancir un peu, ce qui est dommage), et sa couleur jaune pâle.

La farine de grand épeautre

Comme celle de petit épeautre, je l'utilise en blutage T110 (farine « complète » mais pas « intégrale »), sinon le résultat serait un tantinet trop rustique, ce qui serait bien dommage. Quitte à ne savourer qu'un dessert de temps en temps (voir conseils p. 9), autant qu'il soit très bon !

Bien que la farine de grand épeautre contienne plus de gluten que celle de petit épeautre (c'est d'ailleurs pour cela qu'elle lève mieux !), elle peut être toutefois très bien tolérée par les personnes sensibles si elle est issue d'épeautre non hybridé (voir « bonnes adresses », p. 119).

Sa délicieuse saveur ressemble à celle du petit épeautre, et sa couleur est blanc ivoire.

À noter que les farines de petit épeautre et de grand épeautre ne peuvent être interchangées dans les recettes, car le rendu serait tout à fait différent (la farine de petit épeautre « boit » beaucoup moins que celle de grand épeautre par exemple). En revanche, la farine de grand épeautre peut être remplacée par de la farine de blé (moins onéreuse) de même blutage si vous la tolérez bien.

Le son d'avoine

Le son d'avoine est un produit très sain et fort précieux pour la santé. Non seulement son indice glycémique est très bas, mais les nombreuses fibres solubles qu'il contient « capturent » en outre une partie des glucides et des graisses du bol alimentaire, favorisant ainsi la perte de poids dans le cadre d'une alimentation équilibrée. En pâtisserie, il « boit » beaucoup et doit donc être bien hydraté (par des laits végétaux par exemple) pour éviter les pâtes et mies trop denses. Sa saveur d'avoine est très douce et agréable, sa couleur écrue.

Le biberon... le verre à mesurer le plus précis du monde !

La poudre d'amande (ou de noisette)

Il ne s'agit pas de farine à proprement parler, mais elle en fait office dans certaines recettes de cet ouvrage, donnant des textures très gourmandes pour un IG au ras des pâquerettes et des desserts sans gluten. Sa saveur est délicieuse. Elle est de couleur blanc-cassé à ivoire (pour l'amande) ou beige foncé (pour la noisette).

Attention toutefois, bien qu'elle ait un indice glycémique proche de zéro, elle apporte en revanche beaucoup plus de matières grasses qu'une farine de céréale !

Évitez l'improvisation !

Pour être sûrs de bien réussir, respectez scrupuleusement les proportions des ingrédients et les blutages des farines indiqués dans les recettes de cet ouvrage, car c'est le fruit d'innombrables essais et chaque détail a son importance pour éviter de se retrouver avec une briquette d'étoupe à la place du gâteau espéré (ce qui arrive parfois lorsqu'on « pâtisse » avec des farines complètes !).

Ainsi, par exemple, le sirop d'agave ou le miel apportent leur effet naturellement humectant si favorable à l'obtention de textures moelleuses, les laits végétaux ou les jus de fruits aident à bien hydrater certaines farines qui boivent beaucoup (son d'avoine, orge mondé...), le citron ou le jus d'orange font « mousser» la pâte en l'aérant beaucoup, les œufs battus en neige ou en sabayon (voir encadré p. 19) lui donnent beaucoup de légèreté etc. Ce n'est qu'en maîtrisant toutes ces subtilités que vous obtiendrez des pâtisseries à la farine complète pouvant rivaliser haut la main avec les recettes traditionnelles !

Du côté des matières grasses

J'ai opté dans cet ouvrage pour le choix de bonnes graisses végétales, afin d'éviter l'omniprésence du beurre, sans pour autant le «diaboliser» totalement, car un peu de bon beurre bio peut tout à fait entrer dans le cadre d'une alimentation équilibrée, à condition toutefois que cela reste ponctuel et qu'il ne soit pas utilisé en trop grande quantité dans le dessert afin qu'une part reste bien digeste.

L'huile de coco vierge

Une gourmandise à découvrir absolument!

L'huile de coco vierge fige à température ambiante, fond vers 25 °C, et donne un fondant, un parfum vraiment incomparable aux crèmes, aux ganaches, aux gâteaux, etc.

Elle peut remplacer le beurre de vache chez les personnes cherchant des alternatives sans lactose, et donne aux pâtisseries un petit parfum de chocolat blanc à la noix de coco hyper gourmand (surtout si associé à une touche de vanille...).

Attention toutefois à un petit détail : les gâteaux ou les cakes contenant de l'huile de coco doivent être conservés de préférence à température ambiante pour ne pas perdre de leur moelleux, car un long passage au frais risquerait de les durcir un peu.

L'huile d'olive

Aussi étonnant que cela puisse paraître, l'huile d'olive peut faire des merveilles en pâtisserie! Ce n'est pas un hasard si tant de grands chefs l'ont adoptée pour leurs créations sucrées...

On s'habitue très vite à cette saveur particulièrement captivante dans les fougassettes, biscuits ou gâteaux parfumés à la fleur d'oranger, ainsi que dans les tartes aux fruits du soleil comme les abricots, les figues, les pêches, etc.

Les autres huiles végétales

Les magasins bio proposent un tel panel d'huiles végétales qu'il est parfois bien difficile de faire un choix, surtout pour l'utilisation en pâtisserie, car certaines ne conviennent vraiment pas!

Ainsi, mieux vaut éviter les huiles à la saveur trop prononcée (colza, tournesol, sésame...) ou ne chauffant pas sans s'oxyder (cameline, chanvre...) et vous tourner plutôt vers des huiles au parfum très discret et supportant bien la cuisson (huile de tournesol bio désodorisée et de pépin de raisin par exemple).

Le chocolat

Je le classe pour les besoins de l'ouvrage dans les matières grasses, bien que le chocolat, ce soit bien plus que cela...

On aime à souligner les qualités médicinales certaines du bon chocolat – richesse en magnésium et minéraux de toutes sortes, effet antioxydant, antidépresseur, anticoagulant, veinotonique, etc. (avec une mention toute spéciale pour le cacao cru) – mais n'oublions pas non plus dans notre enthousiasme que trop de chocolat peut surcharger un peu le foie... et favoriser quelques petites rondeurs! Mieux vaut donc en consommer peu, mais du très bon. Pour que son indice glycémique soit particulièrement bas, choisissez du chocolat à plus de 70 %. Ça tombe bien, c'est aussi le plus savoureux...

En pâtisserie, faites toujours fondre le chocolat au bain-marie ou à feu très très doux pour ne pas le faire brûler (le goût âcre d'un chocolat à peine brûlé gâchera immanquablement n'importe quel gâteau), et tenez bien compte des indications de pourcentage de cacao données dans les recettes car un chocolat à 85 % donnera par exemple beaucoup plus de «tenue» à une ganache, à des truffes ou à un fondant qu'un chocolat à 60 %.

La purée d'amande

Il en existe de la blanche et de la complète. La blanche présente une texture plus fine et crémeuse, la complète une saveur plus prononcée.

On entend souvent dire que la purée d'amande peut remplacer le beurre dans les pâtisseries. C'est vrai... et faux!

Car la purée d'amande :

— est moins fluide que le beurre;

– donne moins de croquant aux biscuits, pâtes à tartes, etc. ;
– ne fige pas au frais ;
– épaissit beaucoup plus les pâtes à gâteaux ;
– ne contient pas d'eau (une brioche peut lever avec la seule eau contenue dans le beurre, mais elle ne lèvera pas avec seulement de la purée d'amande).

Pourtant, la purée d'amande peut aussi faire merveille en pâtisserie, le tout est de savoir bien l'utiliser. En gros (mais ce n'est pas infaillible), vous pourrez remplacer dans une recette le beurre par 80 % de purée d'amande et 20 % de liquide (lait végétal par exemple).

Enfin, sachez que si le « petit goût de beurre » peut être un délice dans certaines pâtisseries, le « petit goût d'amande » n'est pas mal non plus !

À noter que les amandes sont très riches en fibres solubles, qui abaissent l'IG du bol alimentaire.

La purée de noisette

Mêmes remarques que pour la purée d'amande, si ce n'est que la purée de noisette présente une saveur pralinée encore plus addictive, ainsi qu'une texture plus fluide, moins collante.

Un avis important, qui vaut aussi bien pour toutes les autres purées d'oléagineux : pensez bien à **toujours mélanger les pots jusqu'au fond avant usage**, et ce afin de ne pas avoir juste de l'huile au premier tiers du pot, de la purée correcte le deuxième tiers, puis du mastic pour fenêtre au dernier tiers...

À noter qu'il existe aussi de la purée de noisette grillée (voir « bonnes adresses », p. 119) à la texture particulièrement fine et à la saveur irrésistible...

Bon à savoir...

Un apport de matière grasse, de protéines, de fibres solubles ou d'ingrédient acide (citron par exemple) abaisse globalement l'indice glycémique du bol alimentaire !

Du côté des laitages... et de leurs alternatives végétales !

Sur le papier, les laitages nature ont un indice glycémique proche de zéro... oui mais voilà : ceux qui sont riches en lactosérum (lait, yaourts, fromage blanc battu, fromages peu égouttés...) affolent la production d'insuline, fatiguent le pancréas, et élèvent le glucose sanguin. Voici donc une petite sélection de laitages qui font merveille en pâtisserie, sans malmener la ligne et la santé...

Le petit suisse

Très épais et onctueux, il remplace admirablement la crème fraîche dans certains desserts. C'est un des rares « vrais » laitages que vous trouverez dans cet ouvrage dans lequel je n'ai pas utilisé de crème liquide, de yaourt ou de lait de vache. Comme c'est un fromage égoutté, et qu'il est donc en grande partie débarrassé de son lactosérum, il perturbe moins le pancréas que les laitages cités plus haut.

Les crèmes liquides végétales

Présentées en briquettes UHT de 20 ou 25 cl, ce sont des ingrédients incontournables de la pâtisserie bio à IG bas : il en existe de nombreuses sortes, mais pour cet ouvrage, je me suis cantonnée à l'usage de trois crèmes « surdouées » en pâtisserie : **soja**, **coco** et **amande**. Sans lactose, elles remplacent parfois fort bien la crème de vache UHT, donnant des textures très agréables, bien que différentes. À noter que parmi les crèmes végétales, seule la crème de coco peut se fouetter en chantilly bien ferme, mais attention pour cela de ne pas vous tromper de produit (voir « bonnes adresses », p. 119).

Attention aussi à ne pas être déçu lorsque vous achèterez de la crème d'amande... D'une marque à l'autre, les différences de consistance et de saveur sont importantes : certaines présenteront une texture d'une onctuosité et d'une douceur exceptionnelles, d'autres, hélas, une consistance crayeuse et comme « caillée » (voir aussi pour cela les « bonnes adresses », p. 119).

Le yaourt de soja
Excellent dans certains desserts en remplacement du yaourt de vache, il ne contient pas de lactosérum et n'affole donc pas la production d'insuline.

Les laits végétaux
Comme pour les crèmes végétales, il en existe de nombreuses variétés, mais pour que vos placards ne débordent pas trop, j'ai surtout utilisé le lait de soja et le lait d'amande, qui présentent un IG bas et font merveille en pâtisserie.
Attention toutefois, car autant le lait de soja est assez régulier d'une marque à l'autre, autant en matière de lait d'amande, le meilleur côtoie le pire... Si certaines marques de lait d'amande offrent une boisson crémeuse, bien lisse et pleine de délicatesse, d'autres, hélas, laissent un peu à désirer et risquent de gâcher votre bon dessert (voir « bonnes adresses », p. 119).

Le tofu soyeux
Très ingrat de prime abord avec sa texture tremblotante et son goût fadasse, le tofu soyeux sait se faire très discret en association avec du chocolat ou des fruits. Une fois mixé, sa texture devient crémeuse, ce qui en fait une bonne base pour les smoothies, crèmes desserts, glaces, ganaches, mousses, pâtes à gâteaux, flans, clafoutis et soupes de fruits.
Très riche en magnésium et protéines végétales de premier ordre, le tofu soyeux, qui ne contient ni cholestérol ni lactose, est une bonne alternative aux laitages. Son IG est très bas, et sa richesse en protéines abaisse la charge glycémique du bol alimentaire.

Et pour finir...

Les ingrédients « magiques », ceux que tout bon « pâtissier à IG bas » doit avoir dans ses placards !

La cannelle
Déjà naturellement sucrée, elle parfume les gâteaux et évite d'ajouter trop de miel, de sirop d'agave, de sucre de coco... Cerise sur le gâteau, elle abaisse la charge glycémique de tout le bol alimentaire !

Le citron
Comme tous les ingrédients acides, il abaisse l'indice glycémique du dessert dans lequel il est introduit.

L'agar-agar
Comme le son d'avoine ou la cannelle, il forme un gel mucilagineux qui « capture » une partie des sucres, abaissant ainsi d'autant l'indice glycémique de la recette.

Les œufs
Riches en protéines, ils abaissent l'IG global du bol alimentaire. Fouettés en neige ou battus en sabayon (voir encadré), ils aèrent en outre beaucoup les pâtes à base de farines complètes, les rendant légères comme un oreiller de plumes !
Les choisir toujours bio (ou fermiers) et extra-frais, pour la santé, mais aussi parce que leur saveur est primordiale dans la bonne réussite d'une pâtisserie !

Astuce : l'extrait de vanille liquide « maison »
Parce que celui du commerce est à la fois très onéreux, mais aussi fabriqué avec du sucre à IG élevé, réalisez votre propre extrait de vanille : Pour cela, fendez deux gousses de vanille bien charnues et parfumées, et grattez soigneusement leurs graines avec une cuillère ou la lame d'un couteau. Mettez le tout (gousses + graines) dans une petite casserole avec 25 cl de sirop d'agave. Portez à ébullition, laissez bouillir 1 minute en fouettant sans cesse puis transférez le tout (avec les gousses de vanille qui continueront ainsi à infuser) dans une petite bouteille fermant bien.
Cet extrait se conserve au moins un an dans un placard à l'abri de la lumière.

En toute légèreté

Comparé au sucre, le sirop d'agave ou le miel permettent de fouetter beaucoup plus facilement des œufs entiers en sabayon, donnant rapidement une préparation mousseuse qui double ou triple de volume et qu'on incorporera délicatement à la pâte en soulevant le mélange dans un mouvement tournant.

C'est un des « secrets » imparables pour obtenir des gâteaux d'une légèreté incroyable malgré l'usage de farines non raffinées.

Note pratique importante avant de commencer

Sauf précision contraire dans la recette (choux ou éclairs par exemple), le four doit toujours être programmé sur chaleur tournante (mode idéal pour obtenir des gâteaux bien levés et des pâtes à tartes ou à biscuits plus croustillantes). Si cela n'est pas possible, on peut malgré tout utiliser la chaleur statique, mais il faudra alors certainement rajouter quelques minutes de cuisson par rapport au temps indiqué dans la recette.

Les pictogrammes

- Recette sans lactose
- Recette sans gluten
- Recette sans œufs

Œufs en sabayon.

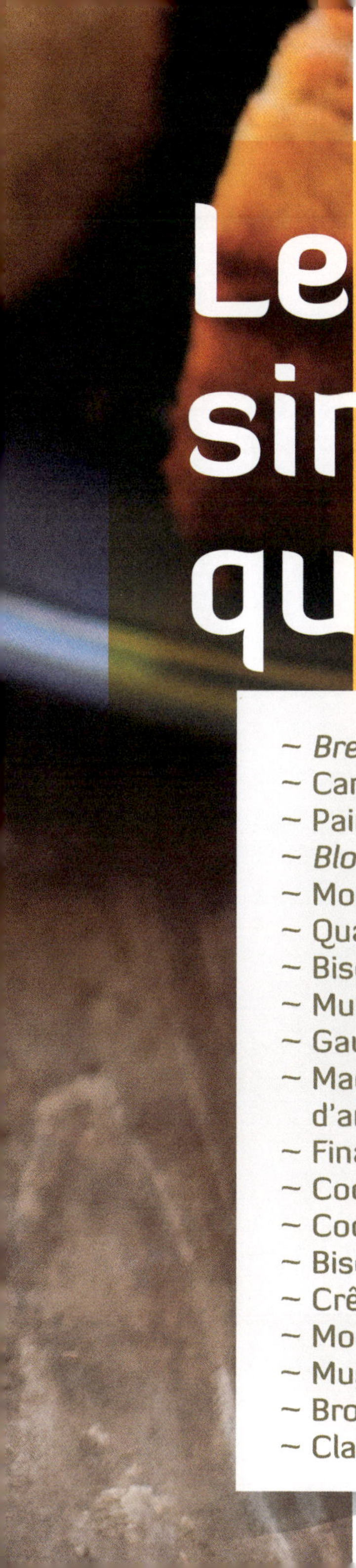

Les bonheurs simples du quotidien !

- *Bredele* au cacao et sucre de coco
- Carrés aux myrtilles et noix de cajou
- Pain d'épice à IG très bas
- *Blondies* au citron
- Moelleux au chocolat… cuit à la casserole
- Quatre-quarts au petit suisse
- Biscuits aux céréales
- Muffins aux mûres sauvages façon gâteau au yaourt
- Gaufres au son d'avoine
- Madeleines provençales à l'huile d'olive, miel, orange et grains d'anis
- Financiers aux cranberries
- Cookies « speculoos » aux pépites de chocolat noir
- Cookies aux fruits sans sucre ajouté
- Biscuits à la cuillère
- Crêpes à l'orge mondé (et leur petite sauce au chocolat…)
- Mousse au chocolat « de compet' »
- Mugcakes cannelle-orange aux pépites de chocolat
- Brownies au chocolat noir, amande et mandarine
- Clafoutis aux fraises

Bredele au cacao et sucre de coco

Découpés vite-fait-bien-fait avec un simple emporte-pièce rond (ou un verre retourné), ces petits biscuits très sains et si faciles à préparer enchanteront vos goûters au quotidien… Mais si vous sortez en plus le « grand jeu » (jolis emporte-pièces de toutes tailles, pailles pour découper des trous dans la pâte, etc.) et moyennant un peu plus de temps, vous obtiendrez de merveilleux *bredele* (biscuits de Noël) à offrir en guise de cadeau gourmand !

Pour environ 20 biscuits
(selon la taille de vos emporte-pièces)
Préparation : 15 à 30 minutes
Cuisson : 10 à 12 minutes

- 75 g d'huile de coco vierge
- 180 g de farine de petit épeautre T110
- 15 g de cacao non sucré
- 1 bonne pincée de fleur de sel
- 75 g de sucre de coco
- 5 cl de lait de soja-vanille
- 1 c. à soupe d'extrait de vanille liquide
- Facultatif : sucre de bouleau impalpable (ou cannelle, cacao…) pour saupoudrer

Préchauffer le four à 180 °C.

Faire fondre l'huile de coco vierge à feu doux.

Mélanger dans un petit saladier la farine, le cacao, le sel et le sucre. Faire un puits, ajouter le lait, l'extrait de vanille et l'huile de coco, puis mélanger le tout rapidement pour former une boule de pâte souple et homogène (sans trop travailler la pâte).

Bien fariner une planche, puis étaler la pâte encore tiède sur une épaisseur d'environ 7 mm. Pour des biscuits tout simples, les découper à l'aide d'un verre ou d'un emporte-pièce rond d'environ 4 cm de diamètre. Pour obtenir de très jolis *bredele*, découper une forme à l'aide d'un emporte-pièce fantaisie d'environ 4 à 5 cm de diamètre, le laisser en place sur la pâte, découper le centre avec un emporte-pièce plus petit (le laisser en place aussi), puis ajouter éventuellement une couronne de petits trous à l'aide d'une paille (c'est très joli !). À l'aide d'une spatule large et fine, déplacer alors le biscuit avec ses 2 emporte-pièces et le déposer sur une plaque de four chemisée de papier cuisson. Retirer enfin les emporte-pièces et renouveler l'opération jusqu'à épuisement de la pâte (le fait de n'enlever les emporte-pièces qu'au dernier moment permet de ne pas déformer les biscuits en les déplaçant).

Enfourner pour 12 minutes des biscuits ronds, ou 10 minutes les biscuits découpés (ils cuisent plus vite), puis laisser refroidir sur une grille pour gagner en croquant.

Saupoudrer éventuellement de sucre impalpable de bouleau juste avant de servir.

Carrés aux myrtilles et noix de cajou

Inspirée d'une vieille recette traditionnelle anglo-saxonne, cette pâtisserie associe un gâteau ultra-moelleux à un *topping*[1] croustillant. Avec des myrtilles, le résultat est sublime, mais vous pouvez aussi réaliser ces carrés avec des petites fraises très parfumées ou des mûres sauvages de saison.

Pour 8 à 9 parts
Préparation : 15 minutes
Cuisson : 30 minutes

Pour la pâte à gâteau

* 120 g de farine T110 de petit épeautre
* 50 g de son d'avoine
* ½ sachet de poudre à lever
* 1 pincée de sel
* 90 g de purée de cajou
* 3 œufs
* 100 g de miel d'acacia
* 10 cl de bon lait d'amande (voir « bonnes adresses », p. 119)
* 1 c. à soupe d'extrait de vanille liquide
* 125 g de myrtilles fraîches

Pour le *topping* croustillant

* 85 g de noix de cajou
* 35 g de sucre de coco
* 35 g de farine de petit épeautre T110
* 1 c. à soupe d'huile neutre (voir p. 16)
* 1 c. à soupe de lait d'amande
* 1 pincée de fleur de sel

Préchauffer le four à 180 °C.

Mélanger 120 g de farine, le son d'avoine, la poudre à lever et la pincée de sel. Faire un puits, ajouter la purée de cajou, les œufs, le miel, le lait d'amande et l'extrait de vanille. Bien mélanger au fouet de façon à obtenir une pâte homogène, puis ajouter les myrtilles et mélanger de nouveau à la cuillère. Verser dans un rectangle à pâtisserie d'environ 20 x 25 cm posé sur une plaque de cuisson chemisée de papier.

Mixer par brèves impulsions tous les ingrédients du *topping*, de façon à obtenir une consistance de gros sable. Répartir sur le gâteau et enfourner aussitôt.

Au bout de 20 minutes, baisser la température du four à 150 °C pour les 10 minutes restantes, afin que le cœur du gâteau soit bien cuit sans que le dessus ne soit brûlé.

Laisser entièrement refroidir avant de découper en carrés ou en rectangles.

1- Difficile à traduire en français... il s'agit du « truc » qui croustille ajouté sur les tartes ou les gâteaux, un peu à la façon d'un crumble.

Pain d'épice à IG très bas

Associant farine d'orge mondé, son d'avoine et cannelle, ce pain d'épice présente un IG particulièrement bas. Accessoirement, il est aussi délicieux, et d'un moelleux à tomber ! Parfait à l'heure du goûter pour se remonter, il vous permettra (grâce entre autres à l'effet « coupe-faim » des fibres solubles du son d'avoine) d'aborder le repas du soir sans être affamé, et de souper très léger (ce qui est idéal pour la silhouette et la santé !).

Pour 6 parts
Préparation : 10 minutes
Cuisson : 30 minutes

* 100 g de farine d'orge mondé
* 50 g de son d'avoine
* 2 c. à soupe rases de cannelle
* ½ c. à café de mélange quatre épices
* ½ sachet de poudre à lever
* 1 œuf
* 8 cl d'huile végétale neutre (voir p. 16)
* 7 cl de sirop d'agave ou 10 cl de miel d'acacia
* 10 cl de jus d'orange fraîchement pressée
* 8 gouttes d'huile essentielle d'orange bio

- Préchauffer le four à 180 °C.
- Mélanger la farine, le son d'avoine, les épices et la poudre à lever dans un saladier, puis faire un puits. Ajouter l'œuf, l'huile, le sirop d'agave ou le miel, le jus d'orange et l'huile essentielle d'orange.
- Bien mélanger, puis verser dans un moule à cake pas trop grand (environ 20 x 9 cm).
- Enfourner et laisser cuire 30 minutes.
- Laisser refroidir avant de démouler et de découper, car les tranches sont assez fragiles.

Blondies au citron

Vous connaissiez les « brownies » d'une jolie couleur chocolat, voici leur version blonde super moelleuse et citronnée ! Pratique, cette recette express se prépare en un tournemain, histoire d'improviser à la dernière minute un thé gourmand à partager avec vos amis ! Quant au jus de citron, il abaisse encore, grâce à son acidité naturelle, l'indice glycémique de cette recette déjà très raisonnable par le choix de ses ingrédients.

Pour 8 blondies
Préparation : 10 minutes
Cuisson : 12 minutes

- 100 g de farine d'orge mondé
- 50 g de son d'avoine
- ½ sachet de poudre à lever
- 1 pincée de fleur de sel
- 2 œufs
- 5 cl de jus de citron fraîchement pressé
- 15 gouttes d'huile essentielle de citron bio
- 110 g de miel d'acacia
- 10 cl d'huile d'olive (ou d'une autre huile végétale de saveur plus neutre, voir p. 16)

Préchauffer le four à 180 °C.

Mélanger la farine, le son d'avoine, la poudre à lever et le sel. Faire un puits. Y verser tous les autres ingrédients et mélanger au fouet juste ce qu'il faut pour que la pâte soit homogène, sans trop insister (car le citron va faire « mousser » la pâte au contact de la poudre à lever, la rendant ainsi très légère et aérée).

Transférer la pâte dans un rectangle à pâtisserie d'environ 25 cm x 18 cm, égaliser la surface et enfourner pour 12 minutes.

Une fois le gâteau légèrement refroidi, le découper en parts avant de servir.

EARL GREY

Moelleux au chocolat... cuit à la casserole

Un « moelleux » au chocolat qui n'usurpe pas son nom, grâce à la cuisson au bain-marie qui lui confère une mie à la texture douillette comme un oreiller de plumes... Ce gâteau ne contient pas d'œufs afin de convenir aux personnes intolérantes. Sa consistance est légèrement humide : personnellement je trouve cela délicieux, mais si vous craignez d'être un peu déroutés, remplacez le tofu soyeux par deux œufs.

Pour 6/8 personnes
Préparation : 10 minutes
Cuisson : 30 minutes

- 110 g de farine d'orge mondé
- 1 pincée de fleur de sel
- ½ sachet de poudre à lever
- 5 cl de lait de soja-vanille
- 10 cl de sirop d'agave
- 1 c. à soupe d'extrait de vanille
- 100 g de chocolat noir à 85 % coupé en morceaux
- 180 g de tofu soyeux (ou 2 œufs)
- 75 g de purée de noisette

▶ Poser le moule (voir encadré) dans un faitout, puis verser de l'eau jusqu'à environ mi-hauteur du moule (plus d'eau, le gâteau serait éclaboussé, moins d'eau, il cuirait difficilement). Retirer le moule du faitout, puis porter l'eau à ébullition.

▶ Mélanger dans un bol la farine, le sel et la poudre à lever. Réserver.

▶ Faire chauffer dans une casserole le lait de soja-vanille, le sirop d'agave et la vanille. Dès que le mélange bout, ajouter hors du feu le chocolat et mélanger pour le faire fondre. Transférer dans un robot avec le tofu soyeux bien égoutté et la purée de noisette. Bien mixer, puis ajouter la farine et mixer de nouveau, par brèves impulsions, jusqu'à l'obtention d'une pâte homogène.

▶ Huiler le moule, y verser la pâte et égaliser. Dès que l'eau bout dans le faitout, y déposer le moule et couvrir. Laisser cuire 30 minutes, puis piquer le gâteau pour vérifier sa cuisson : il est normal que la pique ne ressorte pas très nette (la texture de ce gâteau étant bien humide) mais il ne faut pas non plus qu'il y adhère de la pâte encore crue. Si besoin, ajouter 5 ou 10 minutes de cuisson (aucun risque que le gâteau soit trop cuit avec ce mode de cuisson !). Laisser refroidir avant de démouler.

Quel moule utiliser ?

Un moule à manqué traditionnel serait trop bas, et le gâteau risquerait d'être éclaboussé pendant la cuisson. Aussi, choisissez plutôt un moule un peu haut (comme celui en arrière-plan sur la photo) de type moule à charlotte, moule à kouglof... Idéalement en forme de couronne (avec un trou au centre) pour faciliter la cuisson. Si vous utilisez un moule à forme pleine, il faudra prolonger un peu le temps de cuisson.

Quatre-quarts au petit suisse

Vous serez étonnés par la texture et le parfum délicieux de ce bon gâteau des familles, intensément vanillé et relevé d'une pointe de fleur de sel. Même sans le moindre gramme de beurre, le résultat est bluffant grâce au sirop d'agave (aux propriétés naturellement humectantes) qui compense le peu de matières grasses du gâteau, en apportant beaucoup de moelleux à la pâte... un petit régal à préparer en un tournemain, pour de joyeux goûters sains et gourmands !

Pour un gâteau de 6/8 parts
Préparation : 10 minutes
Cuisson : 25 minutes

* 180 g de farine d'orge mondé
* ½ c. à moka de fleur de sel
* 1 sachet de poudre à lever
* 1 gousse de vanille bien humide et charnue
* 180 g de petit suisse (soit 3 petits suisses de taille courante)
* 180 g de sirop d'agave
* 180 g d'œufs (soit 3 gros œufs environ, mais si le poids final varie un peu, ce n'est vraiment pas grave)

Important !
Surtout, ne remplacez aucun des ingrédients de ce quatre-quarts : la farine d'épeautre ou de blé donnerait par exemple un gâteau trop humide qui s'effondrerait sur lui-même après cuisson, le remplacement du sirop d'agave par du sucre confèrerait une texture trop sèche (mais on peut, à la rigueur, utiliser du miel d'acacia). Quant aux petits suisses, ils doivent être au lait entier car c'est le seul apport en matières grasses du gâteau !

- Préchauffer le four à 180 °C.
- Mélanger la farine, le sel et la poudre à lever. Faire un puits. Fendre en deux la gousse de vanille, puis gratter soigneusement les graines avec une lame et les mettre dans le puits avec tous les autres ingrédients du gâteau.
- Bien mélanger, puis verser la pâte dans un moule à savarin pas trop grand (20 cm de diamètre, 7 cm de haut environ) et préalablement huilé ou beurré.
- Enfourner pour 25 minutes, en baissant la température du four à 150 °C en fin de cuisson si le gâteau semble « bronzer » trop vite. Vérifier la cuisson à cœur avec une pique avant de sortir le gâteau du four.

Astuce
Bien que le quatre-quarts se cuise traditionnellement dans un moule à cake, la cuisson de ce gâteau (mais aussi de beaucoup d'autres...) sera facilitée par l'emploi d'un moule à savarin ou à kouglof (donc avec un « trou » au milieu). En effet, la pâte cuit ainsi de façon plus homogène.

LES BEAUX ARTS

Biscuits aux céréales

Un petit bonheur croustillant au bon goût de céréales, à savourer au goûter pour une pause 100 % réconfortante. Une fois n'est pas coutume, cette recette contient un peu de beurre (seulement 1,5 g par biscuit !) car l'association de saveur avec l'avoine est toujours gourmande à souhait...

Pour 40 biscuits environ
Préparation : 20 minutes
Cuisson : 30 minutes

- 100 g de farine T110 ou T130 de grand épeautre
- 100 g de farine d'avoine
- 100 g de farine d'orge mondé
- 50 g de son d'avoine
- 1 pincée de fleur de sel
- 15 cl de lait de soja-vanille
- 60 g de beurre bio
- 50 g de sucre de coco
- 5 cl d'huile de pépin de raisin

Préchauffer le four à 150 °C.

Mettre les trois farines et le son d'avoine dans un saladier avec la fleur de sel. Mélanger.

Faire chauffer le lait avec le beurre, le sucre de coco et l'huile. Fouetter le mélange pour bien émulsionner puis verser dans le saladier sur les farines et mélanger le tout, d'abord à la cuillère de bois, puis en travaillant à la main. Ne pas trop pétrir. Au début, la pâte semble très (trop !) souple, mais c'est tout à fait normal : en seulement quelques minutes, elle va épaissir suffisamment pour pouvoir former de très jolis biscuits.

Étaler la pâte assez finement (plus les biscuits seront fins, plus ils seront croustillants), puis découper les biscuits à l'aide d'un emporte-pièce rond ou rectangulaire et les déposer au fur et à mesure sur une plaque de cuisson chemisée de papier.

Enfourner pour 15 minutes à 150 °C, puis baisser la température du four à 110 °C pour les 15 minutes restantes. Laisser refroidir sur une grille pour que les biscuits gagnent en croustillant. Si une fois refroidis, ils restaient encore un peu moelleux, ne surtout pas hésiter à les repasser au four 10 minutes à 110 °C (en surveillant toutefois qu'ils ne « bronzent » pas trop) car c'est ce côté très croustillant sous la dent qui fait tout leur charme.

Conserver dans une boîte en fer ou un bocal de verre bien hermétique, car ces biscuits ne doivent surtout pas prendre l'humidité.

Muffins aux mûres sauvages façon gâteau au yaourt

Si vous aimez les muffins à la texture bien moelleuse, vous raffolerez de cette recette très simple, fonctionnant sur le type d'un gâteau au yaourt. Déclinez-la aussi avec d'autres petits fruits rouges ou noirs bien sucrés comme des myrtilles, des petites fraises Mara des bois ou des framboises bien mûres.

Pour 6 à 8 muffins
Préparation : 5 à 10 minutes
Cuisson : 20 minutes

* 1 yaourt de soja
* 3 pots de farine T110 de grand épeautre
* 1 sachet de poudre à lever
* 1 pot de son d'avoine
* 1 pot d'huile végétale neutre (voir p. 16)
* 1 pot de sirop d'agave
* 3 œufs
* 1 pincée de sel
* 150 g de mûres… bien mûres !
* Une poignée d'amandes effilées ou concassées

Préchauffer le four à 180 °C.

Mettre la farine et la poudre à lever dans un bol, mélanger. Faire un puits, ajouter tous les autres ingrédients sauf les mûres et les amandes. Bien mélanger au fouet. Incorporer ensuite les mûres en mélangeant à la cuillère pour ne pas les écraser.

Verser la pâte dans 6 à 8 moules à muffins (tout dépend de leur taille) sans dépasser les deux tiers de leur hauteur (sinon la pâte risque de déborder en cuisant), saupoudrer d'amandes puis enfourner pour 20 minutes.

Avant de sortir les muffins du four, les piquer au centre avec une pique, qui doit ressortir parfaitement sèche. Sinon, ajouter quelques minutes de cuisson.

Déclinaisons

- Déclinez aussi cette recette sans les fruits, en « simple » gâteau au yaourt à cuire entier environ 25 minutes, de préférence dans un moule à savarin (voir encadré « Astuce » p. 32) ou de 35 à 45 minutes dans un moule à manqué ou à cake.
- Vous pouvez, parfumer votre gâteau avec une cuillerée à soupe de cannelle et 7 gouttes d'HE d'orange, ou avec 70 g de pépites de chocolat et 10 gouttes d'HE de citron.
- Vous pouvez aussi ajouter des morceaux de pomme légèrement caramélisés à la poêle, l'écorce d'un citron bio ou d'une demi-orange bio et une cuillerée à soupe de rhum pour un gâteau aux pommes vraiment succulent.

Bref, toutes les déclinaisons du gâteau au yaourt sont possibles avec cette recette, pour le plus grand plaisir des gourmands !

Gaufres au son d'avoine

Cette recette super saine fait vraiment illusion : si vous ne dites pas que ces gaufres sont à IG très bas, vos convives n'y verront que du feu !

Pour 10 gaufres environ
Préparation : 5 minutes
Cuisson : quelques minutes par gaufre
(tout dépend du gaufrier)
Repos : 30 minutes

* 100 g de farine T110 de petit épeautre
* 100 g de farine d'orge mondé
* 50 g de son d'avoine
* 1 pincée de sel
* ½ sachet de poudre à lever
* 35 cl de lait de soja-vanille
* 2 œufs
* 1 c. à soupe de rhum ambré
* 1 c. à soupe d'eau de fleur d'oranger
* 2 c. à soupe de sirop d'agave
* 5 cl d'huile végétale neutre (voir p. 16)

Mélanger les farines, le son d'avoine, le sel et la poudre à lever. Faire un puits, y verser tous les autres ingrédients et bien mélanger. Laisser poser une demi-heure, le temps que le son d'avoine s'hydrate bien.

Faire chauffer un gaufrier, puis le huiler au pinceau et verser tout de suite la première louchée de pâte. Dès qu'elle semble bien dorée, la mettre dans une assiette et verser une autre louchée pour la gaufre suivante, et ainsi de suite jusqu'à épuisement de la pâte.

Servir tout chaud...

Madeleines provençales à l'huile d'olive, miel, orange et grains d'anis

Des madeleines certes à IG bas, mais aussi très saines et moelleuses à souhait ! Fruit de nombreux essais, elles sont d'une saveur très gourmande, associant huile d'olive, miel, épeautre, amande amère, orange douce et grains d'anis, comme un vibrant hommage à la pâtisserie provençale traditionnelle si parfumée.

Pour 18 madeleines environ
Préparation : 10 minutes
Congélation : 10 minutes
Cuisson : 8 à 10 minutes

* 95 g de miel d'acacia
* ½ c. à moka d'arôme d'amande amère pour pâtisserie
* 10 gouttes d'HE d'orange bio
* 2 œufs
* 85 g de farine d'orge mondé
* 65 g de farine T110 de grand épeautre
* 1 c. à café de poudre à lever
* 1 c. à café rase de grains d'anis vert
* 10 cl d'huile d'olive

Préchauffer le four à 240 °C.

Fouetter le miel, l'arôme d'amande amère, l'huile essentielle d'orange et les œufs quelques minutes au robot ou au fouet électrique, jusqu'à ce que le mélange blanchisse et double de volume (voir photo p. 19).

À part, bien mélanger dans un bol les farines, la poudre à lever et les grains d'anis.

Verser dans les œufs battus, ajouter l'huile d'olive et mélanger le tout à la spatule souple, en soulevant le mélange rapidement dans un mouvement tournant, afin de ne pas faire trop retomber la préparation. Verser dans les empreintes bien huilées d'une plaque à madeleines, puis mettre 10 minutes au congélateur.

Enfourner 5 minutes dans le four brûlant (c'est ce « chaud-froid » brutal qui permet d'obtenir de jolies bosses...) puis baisser la température du four à 150 °C pour encore 3 à 5 minutes. Bien surveiller la cuisson (si possible par la vitre du four afin d'éviter d'ouvrir la porte) car les madeleines cuisent très vite. Elles doivent certes être bien dorées (si vous les sortez du four trop pâles, elles retomberont), mais parfois, une minute suffit à les faire trop « bronzer ». Tout dépend des fours et de la contenance de vos empreintes.

Renouveler si besoin avec une deuxième fournée s'il reste de la pâte (tout dépend du nombre d'empreintes à madeleines dont vous disposez).

À savourer idéalement dans les 24 à 48 heures et à conserver dans un bocal hermétique pour conserver le moelleux des madeleines.

Financiers aux cranberries

Vraiment irrésistible, cette recette sans beurre reproduit à la perfection la légèreté et le parfum des financiers traditionnels. Délicieux en hiver quand les fruits rouges nous manquent un peu, ils peuvent aussi être offerts en guise de cadeau gourmand, à Noël par exemple : comme ils sont très digestes et ne contiennent pas de chocolat, ce sera une gourmandise particulièrement appréciée en période de « bombance » !

Pour 12 à 15 financiers
(selon la taille des moules)
Préparation : 10 minutes
Cuisson : 10 minutes à la casserole + 10 à 15 minutes au four

* 60 g de cranberries séchées
* 2 œufs
* ½ c. à moka d'arôme d'amande amère (voir « bonnes adresses », p. 119)
* 105 g de miel d'acacia
* 100 g de farine T110 de grand épeautre
* 100 g de poudre d'amande
* ½ sachet de poudre à lever
* 7 cl d'huile de pépin de raisin

▸ Préchauffer le four à 180 °C.

▸ Mettre les cranberries dans une petite casserole d'eau et porter à ébullition 10 minutes. Cette opération permet de les « dessucrer » (car les fabricants ajoutent hélas souvent du sucre pour enrober les cranberries), mais aussi de les rendre plus moelleuses et gourmandes.

▸ Pendant ce temps, fouetter quelques minutes au robot ou au fouet électrique les œufs, l'arôme d'amande et le miel, jusqu'à ce que la préparation blanchisse, épaississe, mousse et double de volume (voir photo p. 19).

▸ Dans un petit bol à part, mélanger la farine, la poudre d'amande et la poudre à lever.

▸ Égoutter soigneusement les cranberries puis les ajouter dans les œufs mousseux avec l'huile et le mélange farine-poudre d'amande. Tout mélanger ensemble doucement à la spatule souple, en soulevant le mélange dans un mouvement tournant, de façon à obtenir une pâte homogène mais très légère et mousseuse.

▸ Transférer dans des caissettes à muffins de taille moyenne (environ 6 cm de diamètre et 5 cm de hauteur) ou dans des moules à financiers.

▸ Enfourner pour 10 à 15 minutes (selon la taille des moules) : les financiers doivent être bien dorés, et cuits à cœur pour ne pas retomber après cuisson.

▸ Conserver les financiers dans une boîte hermétique et les savourer idéalement sous 24 à 48 heures.

Cookies « spéculoos » aux pépites de chocolat noir

Ces cookies sont... faut-il vraiment vous faire un dessin ? En fait, je ne pense pas... la preuve, c'est que vous êtes déjà en train de farfouiller dans les placards pour y chercher de la cannelle...

Pour 18 cookies
Préparation : 10 minutes
Cuisson : 12 minutes

- 100 g de farine T110 de petit épeautre
- 100 g de farine d'orge mondé
- 80 g de sucre de coco
- 1 c. à soupe légèrement bombée de cannelle en poudre
- ½ c. à soupe de mélange d'épices pour spéculoos (ou pour pain d'épices)
- 1 bonne pincée de fleur de sel
- 1 sachet de poudre à lever
- 1 œuf
- 10 cl d'huile végétale neutre (voir p. 16)
- 85 g de pépites de chocolat noir

Préchauffer le four à 180 °C.

Mélanger les farines avec le sucre de coco, les épices, le sel et la poudre à lever. Faire un puits, y ajouter le reste des ingrédients et mélanger du bout des doigts, jusqu'à l'obtention d'une texture de sable grossier.

Prélever 30 g de pâte, l'amalgamer en boule entre les mains puis l'écraser sur une plaque chemisée de papier. Renouveler l'opération jusqu'à épuisement de la pâte, puis enfourner pour 12 minutes.

Laisser les cookies refroidir sur une grille avant de les savourer.

Ces cookies se conservent plusieurs jours dans une boîte hermétique.

Cookies aux fruits sans sucre ajouté

Bien qu'ils aient en général un IG un peu plus élevé que le sirop d'agave, le miel d'acacia, le sucre de coco ou de bouleau, les fruits séchés représentent eux aussi une alternative très saine au sucre blanc ou roux, riche en fibres, minéraux et antioxydants ! Dans cette recette, ils suffisent amplement à sucrer les cookies, pour un résultat à la fois très sain et super gourmand…

Pour 12 à 15 cookies
Préparation : 10 minutes
Cuisson : 20 minutes

- 90 g de farine de petit épeautre semi-complète (T110)
- 50 g de farine d'orge mondé
- 10 cl d'huile végétale neutre (voir p. 16)
- 1 pincée de fleur de sel
- 50 g d'abricots secs moelleux
- 55 g de noix de pécan
- 30 g de raisins secs
- 30 g de cranberries

Préchauffer le four à 160 °C.

Mettre les farines, l'huile, la pincée de sel et les abricots dans le bol d'un robot. Mixer par brèves impulsions jusqu'à l'obtention d'une consistance sableuse assez fine. Ajouter les noix de pécan et mixer très grossièrement afin de garder des morceaux. Ajouter les raisins et les cranberries, puis mélanger à la main.

Prélever environ 25 à 30 g de pâte, l'amalgamer entre les mains pour former une boule, puis l'écraser sur une plaque chemisée de papier cuisson. Enfourner pour 20 minutes.

À la sortie du four, les cookies sont très friables, c'est normal. Les déposer avec précaution sur une grille pour qu'ils refroidissent, ils gagneront alors en croquant.

Savourer dès qu'ils sont refroidis, ou conserver quelques jours dans une boîte hermétique.

SINCE 1897
ORIGINAL
World's Greatest

1

2

3

4

Biscuits à la cuillère

Étonnamment, les biscuits à la cuillère traditionnels du commerce présentent un IG assez raisonnable, principalement grâce à leur forte teneur en œufs. Mais avec cette recette, vous supprimerez aussi le sucre, la fécule et la farine raffinée, pour un IG vraiment au ras des pâquerettes ! À vous les bonnes charlottes, les tiramisus, les trifles « et tout et tout »...

Pour environ 30 biscuits
Préparation : 20 minutes
Cuisson : 35 minutes

* 3 œufs
* ¼ de cuillère à café d'extrait de vanille en poudre
* 90 g de sucre de bouleau en poudre
* 60 g de farine T65[1]
* Un peu de sucre de bouleau impalpable pour saupoudrer les biscuits (facultatif)

▸ Préchauffer le four à 180 °C.

▸ Séparer les blancs des jaunes d'œufs. Mélanger au fouet à main les jaunes avec la vanille et 35 g de sucre dans un bol, sans chercher spécialement à les blanchir.

1 Parallèlement, commencer à battre les blancs en neige. Dès, qu'ils commencent à mousser, ajouter le sucre restant (55 g) en deux fois et fouetter jusqu'à ce qu'ils forment de beaux pics brillants. À partir de ce moment, terminer la recette rapidement, sinon les biscuits seront un peu moins gonflés.

2 Mélanger les deux préparations dans un saladier avec une spatule souple, en soulevant le mélange dans un mouvement tournant. Tamiser la farine au-dessus du saladier, et mélanger le tout délicatement à la spatule, toujours en soulevant la pâte dans un mouvement tournant pour ne pas trop casser les blancs.

3 À l'aide d'une poche à douille munie d'un gros embout rond non cannelé de 1,5 à 2 cm de diamètre, dresser des biscuits de 6 ou 7 cm de long sur une plaque de pâtisserie chemisée de papier cuisson en veillant à ce qu'ils soient bien ronds et bien « dodus » (donc pas trop aplatis) car ils ne gonfleront pas plus en cuisant.

▸ Enfourner pour 5 minutes à 180 °C, puis baisser ensuite le thermostat à 150 °C (sans ouvrir la porte du four !) pour 30 minutes. Baisser la température à 125 °C si les biscuits commencent à trop roussir.

▸ En fin de cuisson, laisser refroidir les biscuits dans le four, cela leur évite de retomber. Les décoller une fois refroidis à l'aide d'une spatule fine, puis les saupoudrer éventuellement de sucre de bouleau impalpable à l'aide d'une passoire à thé.

4 Conserver dans une boîte hermétique.

1-Pour une fois, inutile d'utiliser une farine plus complète qui « plomberait » la texture finale. La différence sur la glycémie serait de toute façon minime vu le peu de farine par biscuit.

Crêpes à l'orge mondé (et leur petite sauce au chocolat...)

Ces délicieuses crêpes à IG bas font totalement illusion ! Quant à leur petite sauce chaude chocolat-noisette, c'est vraiment le « petit plus qui va bien » pour une crêpes-party gourmande à souhait.

Pour une douzaine de crêpes
Préparation : 10 minutes
Repos : au moins 15 minutes
Cuisson : quelques minutes par crêpe

- 250 g de farine d'orge mondé
- 50 cl d'eau (voire un peu plus si besoin)
- 1 c. à soupe de rhum
- 1 c. à soupe d'eau de fleur d'oranger
- 1 œuf
- 2 c. à soupe de sucre de bouleau ou de coco
- 2 c. à soupe d'huile d'olive
- Huile pour la poêle

Et en bonus : la petite sauce chocolatée... ou la pâte à tartiner, au choix !
À feu très doux, faire fondre 100 g de chocolat noir à 70 % de cacao dans 15 cl de lait de soja-vanille, 4 c. à soupe de purée de noisette bien souple, 4 c. à soupe de sirop d'agave et 1 c. à soupe d'extrait de vanille liquide, puis bien fouetter pour émulsionner. Verser dans un pot. Servir chaud sur les crêpes ou laisser prendre au frais pour faire épaissir. Dans ce dernier cas, la pâte à tartiner se conserve une dizaine de jours au réfrigérateur.

▸ Mélanger tous les ingrédients au fouet, en veillant à ne pas faire de grumeaux (mixer si besoin au blender, c'est encore plus simple !). Laisser reposer au moins un quart d'heure. Si la pâte est trop épaisse, ajouter un peu d'eau, car la farine d'orge est un peu « capricieuse », et pour obtenir une pâte à la consistance idéale (ni trop liquide, ni trop épaisse), elle peut parfois réclamer une lichette de liquide en plus...

▸ Faire chauffer une bonne poêle à crêpes en céramique, en tôle de fer ou en fonte. Quand elle est bien chaude, la huiler rapidement avec un pinceau et verser une louchée de pâte. Retourner la crêpe dès que le dessus a « figé » et laisser cuire un peu moins longtemps la deuxième face. Renouveler l'opération jusqu'à épuisement de la pâte, en huilant toujours un peu la poêle entre chaque crêpe.

Mousse au chocolat « de compet' »

Alors comme ça vous aimez aussi la mousse au chocolat ? Ah oui, mais pas n'importe laquelle, n'est-ce pas... Celle au parfum intensément chocolat, qui fait « scriiiich » quand on y plonge la cuillère et qui nappe les papilles de douceur, de fondant, de velouté... Comme on se comprend !

Pour 6 à 8 pots
Préparation : 15 minutes
Cuisson : quelques minutes
Réfrigération : au moins 6 heures

- 5 cl de lait de soja-vanille
- 1 c. à soupe d'extrait de vanille liquide
- 5 cl de sirop d'agave
- 15 cl de crème de coco liquide (voir « bonnes adresses » p. 119)
- 35 g d'huile de coco vierge
- 200 g de chocolat noir à 70 % de cacao
- 4 œufs extra-frais

▸ Faire chauffer dans une casserole le lait, la vanille, le sirop d'agave, la crème de coco et l'huile de coco. Dès que le mélange arrive à ébullition, couper le feu et y faire fondre le chocolat coupé en petits morceaux.

▸ Séparer les blancs des jaunes d'œufs. Mélanger les jaunes au chocolat fondu. Fouetter les blancs en neige souple, puis les incorporer délicatement au mélange chocolaté. Verser dans des petits pots et mettre au frais au moins 6 heures avant de savourer.

Mugcakes cannelle-orange aux pépites de chocolat

Une recette « doudou » pour se ressourcer autour d'une petite pause gourmande de fin d'après-midi... Contrairement aux recettes traditionnelles de mugcakes, ceux-ci ne sont pas cuits au micro-ondes mais tout simplement à la casserole. Malgré l'emploi de farine intégrale, le résultat est d'un moelleux irrésistible !

Pour 4 mugcakes
Préparation : 10 minutes
Cuisson : 25 minutes

* 180 g de farine de grand épeautre T150
* 2 c. à café de cannelle en poudre
* 1 pincée de sel
* 1 sachet de poudre à lever
* 4 œufs
* 4 c. à soupe d'huile neutre (voir p. 16)
* 150 g de compote de poire (ou de pomme) sans sucre ajouté
* 115 g de miel liquide d'acacia
* 12 gouttes d'huile essentielle d'orange douce
* 70 g de pépites de chocolat noir

Déposer 4 mugs dans un faitout, puis verser suffisamment d'eau pour que le niveau leur arrive à mi-hauteur. Retirer les mugs, poser un couvercle sur le faitout et porter l'eau à ébullition.

Mélanger la farine, la cannelle, le sel et la poudre à lever. Faire un puits, y verser tous les autres ingrédients et bien mélanger. Verser dans les mugs (sans dépasser les deux tiers de leur hauteur) et déposer ces derniers dans le faitout dès que l'eau bout. Poser un couvercle et laisser cuire 25 minutes.

Vérifier la cuisson en piquant un mug-cake à cœur : il est normal que la pique ne ressorte pas parfaitement nette (car la texture est naturellement assez humide) mais il ne doit toutefois pas y avoir de traces de pâte encore crue.

with Loved

Brownies au chocolat noir, amande et mandarine

Une recette de brownies sans farine, sans beurre et à très faible indice glycémique, histoire de se régaler « sagement » à l'heure du goûter... *Enjoy !*

Pour environ 8 personnes
Préparation : 10 minutes
Cuisson : 35 minutes

- 1 briquette de 20 cl de bonne crème d'amande (voir « bonnes adresses », p. 119)
- 12 cl de sirop d'agave
- 70 g de purée d'amande blanche bien souple
- 200 g de chocolat noir à 85 %
- ½ c. à café d'extrait d'amande amère
- 1 bonne pincée de fleur de sel
- 1 c. à soupe d'alcool d'agrume au choix (Cointreau, Grand Marnier, Cédratine, limoncello, vin d'orange...)
- Le zeste finement râpé d'une mandarine bio
- 3 œufs

Préchauffer le four à 180 °C.

Dans une petite casserole, faire chauffer la crème d'amande avec le sirop d'agave et la purée d'amande. Une fois la crème très chaude, retirer du feu et ajouter le chocolat coupé en tout petits morceaux, l'extrait d'amande, la fleur de sel, l'alcool et le zeste de mandarine. Mélanger, poser un couvercle, attendre que le chocolat fonde tranquillement.

Séparer les blancs des jaunes d'œufs. Battre les blancs en neige.

Ajouter les jaunes dans la préparation au chocolat fondu, bien mélanger au fouet pour lisser, puis incorporer délicatement les blancs en neige à l'aide d'une spatule souple, en soulevant la préparation dans un mouvement tournant.

Verser dans un cadre à pâtisserie d'environ 18 x 25 cm posé sur une plaque chemisée de papier cuisson, puis enfourner 35 minutes.

Laisser entièrement refroidir avant de découper en carrés ou en barres. Ces brownies se conservent une semaine au frais dans une boîte hermétique, ou 3 mois au congélateur. Que de bons goûters en perspective !

Clafoutis aux fraises

Cette pâte à clafoutis, tout particulièrement crémeuse, gourmande et parfumée, peut aussi se décliner avec des framboises, des myrtilles, des mûres, des quetsches, des mirabelles, des quartiers d'abricots... et bien évidemment des cerises ! En fait, c'est LA recette de fainéant « rapido-presto » à réaliser toute la belle saison avec des fruits bien mûrs.

Pour 6 à 8 personnes
Préparation : 5 minutes
Cuisson : de 35 minutes à 1 heure
(selon le moule)

* 30 cl de lait de soja-vanille
* 20 cl de crème de coco liquide (voir bonnes adresses p. 119)
* 4 œufs
* 35 g de farine d'orge mondé
* 10 cl de sirop d'agave
* Une gousse de vanille, ou 1 c. à soupe d'extrait de vanille liquide
* 300 g de fraises bien mûres et de saison

Préchauffer le four à 150 °C.

Huiler un grand moule à clafoutis, ou 6 gros ramequins, ou 4 plats à gratin individuels (idéalement, si vous n'avez pas de souci avec le lactose, beurrez légèrement les moules au lieu de les huiler, ce sera encore meilleur !).

Mélanger tous les ingrédients du clafoutis (sauf les fruits) en fouettant bien pour ne pas faire de grumeaux. Verser dans le ou les moule(s), répartir les fruits par-dessus, puis enfourner pour environ 30 minutes (ramequins), 45 minutes (plats à gratin individuels) ou 1 heure (plat à clafoutis ou moule à manqué).

Le clafoutis est cuit quand la pâte est bien prise et commence à dorer, y compris au centre. Selon les fours, le temps de cuisson peut varier, il faut donc un peu surveiller vers la fin.

Laisser refroidir avant de savourer, en décorant éventuellement d'un voile de sucre de bouleau impalpable.

Les desserts « chics »

- Linzertorte aux abricots et « frangipane » légère
- Mousse légère à la fraise, miel et faisselle de brebis
- Pâte à choux à l'orge mondé
- Éclairs à la clémentine
- Petits choux à la crème de Mara des Bois
- Petits mugcakes *cappuccino*
- Tartelettes aux framboises
- Cheesecakes sans cuisson à la framboise
- Coupes *Amarena*
- Liégeois framboise
- Tiramisu *sudamericano*
- Petites crèmes au tofu soyeux, framboise et « chocolat » blanc
- Entremets à la rose et fraise des bois

Linzertorte aux abricots et « frangipane » légère

Inutile de vous convaincre par des mots à quel point la frangipane se marie bien avec la saveur des abricots mûrs à point... Le mieux, c'est encore que vous y goûtiez ! Quant à cette délicieuse pâte à tarte (rare recette de cet ouvrage à contenir un peu de beurre), je gage que vous la déclinerez bien volontiers avec toutes sortes de fruits de saison.

Pour une tarte de 6 à 8 parts
Préparation : 25 minutes
Cuisson : 35 à 40 minutes

Pour la pâte

* 125 g de beurre mou (laissé une heure coupé en cubes à température ambiante)
* 250 g de farine T110 de grand épeautre
* 1 pincée de sel
* 3 c. à soupe de sucre de coco ou de bouleau
* 2,5 cl d'eau tiède

Pour la crème d'amande

* 80 g de poudre d'amande blanche
* 1 c. à soupe de miel d'acacia
* 4 c. à soupe de lait d'amande
* ½ c. à café d'arôme d'amande amère pour pâtisserie

Autre

* 1 kg d'abricots parfaitement mûrs
* Un peu de sucre de bouleau impalpable pour saupoudrer (facultatif)

Préchauffer le four à 180 °C.

Travailler du bout des doigts le beurre et la farine, jusqu'à l'obtention d'une consistance sableuse.

Faire fondre le sucre et le sel dans l'eau tiède, puis verser d'un coup dans la préparation et mélanger rapidement pour former une boule de pâte bien homogène.

Séparer la pâte en deux boules « deux tiers/un tiers », étaler en rond la plus grosse boule de pâte sur un papier cuisson fariné, puis foncer un moule à tarte de 26 cm de diamètre environ.

Mélanger ensemble tous les ingrédients de la crème d'amande, étaler sur le fond de tarte. Déposer des demi-abricots bien serrés par-dessus.

Étaler la pâte restante en forme d'ovale, puis y découper des bandelettes avec une roulette. Les déposer sur la tarte en formant des croisillons.

Enfourner pour 35 à 40 minutes, jusqu'à ce que la tarte soit bien dorée, puis saupoudrer éventuellement de sucre de bouleau à la sortie du four.

Mousse légère à la fraise, miel et faisselle de brebis

Un petit dessert léger et gourmand, prêt en un clin d'œil pour changer un peu de la mousse au chocolat... Réalisée ici avec du fromage blanc de brebis dont la saveur très douce s'accorde si bien avec la fraise, cette mousse peut aussi se décliner avec d'autres laitages biologiques qui apporteront une note crémeuse sans les inconvénients de la crème fraîche (petits suisses ou faisselle de vache au lait entier par exemple).

Pour 4 personnes
Préparation : 10 minutes
Cuisson : 5 minutes
Prise au frais : au moins 4 heures

* 250 g de fraises de saison mûres à point, bien parfumées
* 1 c. à moka bien rase de poudre d'agar-agar (1 g)
* 4 c. à soupe de miel d'acacia
* 2 blancs d'œufs extra-frais
* 100 g de fromage blanc de brebis en faisselle
* Facultatif : 1 c. à café d'extrait de vanille liquide

Couleur intense

Pour que votre mousse soit bien rose, choisissez des fraises d'un rouge assez foncé, bien mûres et plutôt de petite taille. Si vous utilisiez une variété de fraises d'un rouge plus pâle (ou de grosse taille) la mousse sera très bonne, mais sa couleur moins séduisante...

- Renverser la faisselle de brebis dans un tamis et laisser égoutter.

- Laver et équeuter les fraises, puis les couper en quatre. Les mettre dans une petite casserole, saupoudrer uniformément avec la poudre d'agar-agar, ajouter le miel, l'extrait de vanille, mélanger et faire cuire doucement 4 à 5 minutes, en veillant à ce que le jus sirupeux n'attache pas à la casserole.

- Monter les blancs d'œufs en neige.

- Mixer la faisselle égouttée avec les fraises très chaudes, jusqu'à l'obtention d'une crème rose, lisse et onctueuse.

- Incorporer les blancs battus en neige dans la préparation tiède (attention à ne pas trop laisser refroidir car l'agar-agar fige vers 25 °C !), puis verser dans des petites coupes individuelles et placer au frais jusqu'au moment de servir.

Pâte à choux à l'orge mondé

Si vous pensiez avec un peu de tristesse devoir vous priver de petits choux, éclairs et autres Paris-Brest pour suivre votre nouvelle alimentation à IG bas, cette délicieuse recette à l'orge mondé va vite vous consoler !

Pour environ 12 éclairs ou 24 petits choux
Préparation : 15 minutes
Cuisson : 35 minutes

- 18 cl de bon lait d'amande (voir « bonnes adresses », p. 119)
- 9 cl d'huile neutre (voir p. 16)
- 1 pincée de sel
- 1 c. à soupe de sucre de coco (15 g)
- 1 gousse de vanille
- 70 g de farine d'orge mondé
- 30 g de farine de grand épeautre
- 3 petits œufs battus en omelette (soit 140 g mesurés précisément, sans les coquilles)

Pas à pas en photos pages suivantes.

◗ Préchauffer le four à 180 °C, chaleur statique.

1 Dans une casserole, porter à frémissement (sans faire bouillir) le lait d'amande, l'huile, le sel, le sucre et une gousse de vanille fendue en deux et grattée. Hors du feu, ajouter d'un coup les farines et fouetter énergiquement quelques secondes, de façon à obtenir une panade bien homogène.

2 Remettre la casserole sur le feu, puis triturer deux minutes (précises !) cette pâte avec une cuillère en bois sur feu moyen, afin de la sécher un peu.

3 Quand le fond de la casserole présente une fine pellicule de pâte séchée, et que la panade se détache bien des parois de la casserole, transférer dans le bol d'un robot pâtissier muni de son batteur plat.

4 et **5** Battre la panade quelques secondes à vitesse moyenne pour la refroidir un peu, puis ajouter en trois ou quatre fois les œufs battus en omelette sans trop travailler la pâte, juste ce qu'il faut pour qu'elle soit bien homogène.

◗ On peut aussi, à défaut de robot, réaliser cette opération à la main avec une simple cuillère de bois. Pour cela, travailler très vite pour ne pas laisser le temps aux œufs de cuire dans la pâte chaude, et juste ce qu'il faut pour bien incorporer les œufs, sans trop travailler la pâte (sinon elle risque de devenir trop liquide).

6 Retirer la gousse de vanille et transférer dans une poche à douille munie d'un embout lisse de 2 cm de diamètre environ, puis dresser sur une plaque chemisée de papier cuisson des bâtonnets de 9 à 10 cm (pour des éclairs) ou des boules à peine plus grosses qu'une balle de ping-pong (pour des petits choux).

7 Enfourner pour 25 minutes, puis baisser la température à 150 °C (sans ouvrir le four) et cuire encore 10 minutes. Il faut que les éclairs ou les choux soient bien dorés, y compris dans les fentes, car si les « rides » de la pâte sont trop pâles, tout risque de se dégonfler en refroidissant.

8 Laisser les éclairs ou les choux refroidir dans le four porte entrouverte, puis les garnir avec une crème pâtissière un peu épaisse, une mousse aux fruits, une chantilly ou une ganache au chocolat.

Pour la garniture

Outre les recettes des éclairs à la clémentine (p. 68) et des petits choux à la crème de Mara des Bois (p. 71) de cet ouvrage, vous pourrez garnir vos choux et vos éclairs de ganache au chocolat, de crème pâtissière à la vanille ou au « caramel » (voir la recette de la tarte au chocolat, p. 89). Bref, c'est vous le chef, et je vous prédis beaucoup de joyeuses pauses gourmandes en perspective !

Pour être sûr de réussir

- Mesurez le lait et l'huile très précisément, idéalement au biberon de bébé, car les verres à mesure ou les balances ne sont pas toujours très fiables.
- Pesez à la balance électronique bien précise tous les autres ingrédients, y compris les œufs battus en omelette.
- Ne confondez pas petit et grand épeautre, ça ne donne pas du tout le même résultat !
- Enfin, sachez qu'il y aura malgré tout une inconnue, c'est votre four... Chez moi, les éclairs et choux sont parfaits après 35 minutes de cuisson à chaleur statique, mais chez d'autres, la chaleur tournante sera plus convaincante. De même, les éclairs ou choux ne demanderont que 20 à 25 minutes de cuisson chez certains, 40 minutes chez d'autres ! La première fois que vous en ferez, surveillez donc bien, mais sans ouvrir la porte du four : quand les choux sont bien gonflés, bien dorés y compris dans les fines ridules de la pâte, ouvrez le four et goûtez-en un pour vérifier que la pâte du cœur est bien sèche. Dans le doute, on peut encore ajouter 5 à 10 minutes de cuisson à 150 °C.

PAS À PAS

PAS À PAS

Éclairs à la clémentine

Préparée avec de l'huile d'olive, la pâte à choux de la p. 64 est exquise dans cette recette aux accents de pâtisserie provençale associant clémentine, miel, amande et eau de fleur d'oranger...

Pour 12 éclairs
Préparation : 35 minutes
Cuisson : 35 minutes
Réfrigération : au moins 4 heures

Pour les choux

* Une pâte à choux (voir p. 64) préparée avec de l'huile d'olive

Pour la crème pâtissière à la clémentine

* 1 gousse de vanille
* 20 cl de bon lait d'amande (voir « bonnes adresses », p. 119)
* Une briquette de 20 cl de crème d'amande (voir « bonnes adresses », p. 119)
* 100 g de miel d'acacia
* 30 g de farine T110 de grand épeautre
* 1 c. à soupe d'huile d'olive
* 1 c. à soupe d'eau de fleur d'oranger (voir « bonnes adresses », p. 119)
* 25 gouttes d'HE de clémentine bio
* 1 c. à moka très légèrement bombée d'agar-agar (1 g)
* Sel

Pour le glaçage

* 200 g de chocolat noir pâtissier à 70 % de cacao

La veille (ou au moins quelques heures auparavant), préparer la crème : fendre la gousse de vanille en deux, gratter les graines, puis mettre le tout (gousses + graines) dans une casserole avec tous les autres ingrédients de la crème pâtissière. Bien fouetter pour éviter les grumeaux, puis porter à ébullition sans cesser de fouetter. Dès les premiers bouillons, la crème épaissit d'un coup. La retirer du feu, couvrir d'une assiette (pour éviter la formation d'une « peau ») et laisser entièrement refroidir au frais.

Au moins 4 heures après, préchauffer le four à 180 °C, chaleur statique. Préparer la pâte à choux comme indiqué p. 64, la transférer dans une poche à douille munie d'un embout lisse de 2 cm de diamètre, puis dresser sur une plaque chemisée de papier cuisson des bâtonnets de 9 à 10 cm de long. Enfourner pour 25 minutes, puis baisser la température à 150 °C (sans ouvrir le four) et ajouter 10 minutes de cuisson (voir encadré p. 65).

Une fois les éclairs refroidis dans le four porte entrouverte, fouetter la crème pâtissière pour lui redonner un peu de souplesse, puis en garnir une poche à douille munie d'un embout long et assez fin. Garnir les éclairs en y faisant trois trous sur le dessus avec la canule de crème : un à droite, un à gauche et un bien au milieu.

Faire fondre le chocolat au bain-marie, le verser dans une assiette creuse, puis y tremper rapidement le dessus des éclairs pour « camoufler » les trois petits trous de garnissage. Laisser durcir, puis savourer...

EAU
DE
FLEURS D'ORANGER

Petits choux à la crème de Mara des Bois

Pas compliquée du tout à réaliser, cette recette a un petit côté « féerique » dans sa présentation… qui se confirme encore lors de la dégustation ! C'est « juste » une petite merveille de gourmandise !

Pour 18 petits choux (6 personnes)
Préparation : 45 minutes
(pâte à choux comprise)
Cuisson : 5 minutes + 25 minutes
Réfrigération : au moins 6 heures

- Une pâte à choux à l'orge mondé (voir p. 64)
- 200 g de fraises Mara des Bois bien mûres et de saison
- 65 g d'huile de coco vierge
- 15 g de farine d'orge mondé
- 3 c. à soupe de sirop d'agave
- 1 c. à café d'extrait de vanille
- Un peu de sucre de bouleau impalpable pour saupoudrer

• Vous pouvez aussi parsemer sur les choux quelques amandes effilées ou concassées avant de les enfourner.
• Pour que la crème soit bien rose, voir l'encadré p. 62.

La veille, ou du moins quelques heures avant, équeuter les fraises et les couper en quatre. Les mettre dans une petite casserole avec l'huile de coco, la farine, le sirop d'agave et la vanille. Bien mélanger, puis faire compoter environ 5 minutes en mélangeant sans cesse, le temps que les fraises soient bien cuites. Mixer soigneusement, puis transférer dans une poche à douille munie d'un embout cannelé. Mettre au frais au moins 6 heures, au mieux une nuit.

Préchauffer le four à 180 °C.

Préparer la pâte à choux comme indiqué p. 64, puis dresser à la poche à douille munie d'un embout lisse de 2 cm de diamètre environ 18 choux de la taille d'une prune reine-claude. Avec un doigt humide, aplatir si besoin la petite « pointe » de pâte laissée par la douille sur le dessus de chaque chou.

Enfourner pour 25 minutes, puis éteindre le four, ouvrir la porte et laisser les choux refroidir dans le four.

Le lendemain, ouvrir les choux refroidis en deux, les garnir de crème à la fraise, reposer le chapeau par-dessus et saupoudrer de sucre impalpable. Servir aussitôt, ou remettre au frais.

Petits mugcakes *cappuccino*

Une recette assez simple et vraiment délicieuse, pour les amateurs de desserts au café d'inspiration italienne. Comme la recette p. 53, ces mugcakes sont cuits à la casserole, certes pour une texture super moelleuse, mais aussi pour vous permettre de présenter ce dessert *cappuccino* dans de jolies tasses à café qui ne passeraient pas au four.

Pour 6 mugcakes
Préparation : 20 minutes
Cuisson : 20 minutes

Pour les mugcakes

- 100 g de farine d'orge mondé
- ½ sachet de poudre à lever
- 1 pincée de sel
- 25 g de cacao
- 1 œuf
- 10 cl de sirop d'agave
- 5 cl d'expresso serré
- 5 cl d'huile de pépin de raisin

Pour le sirop

- 6 c. à café de café fort
- 6 c. à café de sirop d'agave
- 1 c. à soupe d'extrait de vanille liquide

Pour la crème

- 2 c. à soupe d'expresso très fort, et froid
- 1 c. à café d'extrait de vanille liquide
- 2 c. à soupe de sucre de coco
- 20 cl de crème de coco (voir « bonnes adresses », p. 119)
- Cacao pour saupoudrer

Attendez bien que les mugcakes soit refroidis avant de les chapeauter : cela évitera à la crème de fondre et/ou de faire du surf sur la « pente » encore chaude...

Placer 6 tasses à café dans un faitout, puis verser suffisamment d'eau dans le fond de la casserole pour que le niveau arrive environ au tiers de la hauteur des tasses. Retirer les tasses, poser un couvercle sur le faitout et porter l'eau à ébullition.

Pendant ce temps, mélanger la farine, la poudre à lever, le sel et le cacao. Faire un puits. Y verser l'œuf, le sirop d'agave, le café et l'huile. Mélanger au fouet, puis verser dans les tasses, sans dépasser les deux-tiers de leur hauteur (sinon la pâte débordera en cuisant).

Dès que l'eau bout dans le faitout, y placer les tasses, couvrir et cuire 20 minutes. Vérifier la cuisson en piquant un mugcake à cœur, puis les retirer du faitout.

Mélanger les ingrédients du sirop, en imbiber les mugcakes avec une pipette et laisser refroidir.

Mélanger 2 cuillères à soupe de café froid, la cuillère à café de vanille liquide et le sucre de coco.

Fouetter la crème de coco en chantilly (voir aussi p. 17) et dès qu'elle est bien épaisse, y verser en filet le café froid sucré sans cesser de fouetter.

Coiffer chaque mugcake bien refroidi d'une volute de crème au café, puis saupoudrer de cacao. Servir aussitôt, ou mettre au frais jusqu'au moment de déguster.

Tartelettes aux framboises

Certes, c'est classique, mais avouez qu'elles vous font de l'œil les tartelettes, quand vous passez devant un étal de pâtissier ! Et bien n'hésitez plus, et faites-vous plaisir avec cette délicieuse recette à IG très bas… Ce sera l'occasion de découvrir en outre une irrésistible (et très saine !) recette de pâte sablée à la farine d'orge mondé, que vous pourrez décliner avec bien d'autres fruits selon la saison.

Pour 4 à 6 tartelettes
(selon la taille des moules)
Préparation : 20 minutes
Cuisson : 5 minutes pour la crème, 15 minutes pour les fonds de tarte

Pour la pâte

* 300 g de farine d'orge mondé
* ½ sachet de poudre à lever
* 100 g d'huile de coco
* 3 c. à soupe légèrement bombées de sucre de coco
* 1 bonne pincée de fleur de sel
* 4 c. à soupe d'eau tiède

Autres

* 1 crème pâtissière : voir p. 68 (doubler les doses, supprimer l'HE et l'eau de fleur d'oranger)
* 500 g de framboises

▸ Préchauffer le four à 180 °C.

▸ Mettre la farine et la poudre à lever dans un saladier, faire un puits. Faire fondre l'huile de coco sur feu doux.

▸ Dissoudre le sucre et le sel dans l'eau tiède.

▸ Verser l'huile chaude dans le puits de farine, puis mélanger du bout des doigts, jusqu'à l'obtention d'une consistance de sable fin. Ajouter d'un coup l'eau tiède, puis mélanger juste ce qu'il faut pour que la pâte forme une boule homogène. L'étaler sur une planche bien farinée puis y découper six ronds pour foncer des moules à tartelettes préalablement huilés et farinés.

▸ Enfourner pour 15 minutes, jusqu'à ce que la pâte commence à dorer.

▸ Quand les fonds de tartes sont bien refroidis (mais pas avant), les démouler, puis les remplir de crème pâtissière.

▸ Disposer dessus les framboises et servir aussitôt ou réserver au frais, mais pas plus d'une demi-journée, pour éviter que la pâte ne se détrempe.

Usage immédiat

Contrairement à beaucoup d'autres pâtes à tartes, celle-ci ne doit pas reposer au frais avant usage, bien au contraire : il faut l'étaler et la découper encore tiède, car en refroidissant elle va devenir de plus en plus friable !

Cheesecakes sans cuisson à la framboise

Une recette « minute » super bluffante, pour un minimum de travail. Une fois n'est pas coutume, je vous recommande pour cette recette l'emploi de petits suisses écrémés car l'huile de coco (indispensable à cette recette pour que la crème durcisse au frais et « se tienne ») apporte déjà suffisamment d'onctuosité aux cheesecakes.

Pour 4 personnes
Préparation : 10 minutes
Cuisson : quelques minutes
Réfrigération : 2 ou 3 heures

* 4 petits suisses au lait écrémé, bien égouttés
* 75 g d'huile de coco
* 100 g de biscuits aux céréales (voir p. 35)
* 1 c. à moka rase d'agar-agar en poudre (1 g)
* 40 g de sucre de bouleau
* 1 c. à soupe d'extrait de vanille liquide
* 5 cl de lait de soja-vanille
* 1 pincée de fleur sel

Mettre les petits suisses à égoutter dans une passoire fine posée au-dessus d'un bol.

Faire fondre l'huile de coco dans une casserole à feu doux. En verser 20 g dans le bol d'un robot, puis mixer immédiatement avec les biscuits par brèves impulsions, jusqu'à l'obtention d'une texture sablonneuse assez fine. À l'aide du poussoir, tasser fortement la préparation encore tiède dans quatre cercles en inox individuels posés sur les assiettes de service.

Délayer l'agar-agar, le sucre et l'extrait de vanille dans le lait de soja-vanille. Ajouter les 55 g d'huile de coco restée dans la casserole, et porter à ébullition en mélangeant souvent. Ajouter hors du feu les petits suisses très bien égouttés et une pincée de sel. Mixer immédiatement la préparation, jusqu'à l'obtention d'une crème parfaitement lisse et onctueuse.

Répartir équitablement la préparation encore tiède dans les cercles, puis mettre au frais au moins 2 ou 3 heures, le temps que la préparation durcisse.

Répartir les framboises par-dessus et servir aussitôt.

Coupes *Amarena*

Griotte, amande, chocolat et chantilly... Tout un poème. Et le tout sans trop se casser la tête, grâce au concept du « sorbet magique » au sirop d'agave, prêt en seulement quelques coups de mixeur ! N'hésitez pas à décliner cette délicieuse recette avec des framboises ou des fraises surgelées, en supprimant dans ce cas l'extrait d'amande amère.

Pour 4 personnes
Préparation : 15 minutes

- 100 g de chocolat noir à 70 % en morceaux
- 40 cl de crème de coco liquide très froide, (voir « bonnes adresses », p. 119)
- 13 cl de sirop d'agave
- 1 c. à soupe d'extrait de vanille liquide
- 500 g de griottes dénoyautées surgelées
- ½ c. à café d'extrait d'amande amère pour pâtisserie
- 4 biscuits à la cuillère (voir p. 49)

Faire fondre le chocolat dans 20 cl de crème de coco préalablement chauffée à la casserole. Bien fouetter et réserver au chaud.

Monter en chantilly (voir conseils p. 17) les 20 cl de crème de coco restante avec 3 cl de sirop d'agave et la cuillerée d'extrait de vanille.

Au robot, mixer soigneusement les griottes surgelées avec l'extrait d'amande et les 10 cl de sirop d'agave restants, jusqu'à l'obtention d'une consistance de sorbet bien lisse et crémeux.

Déposer les biscuits coupés en deux au fond des coupes. Répartir le sorbet par-dessus, ajouter une belle rosace de chantilly, napper de sauce chocolat et servir aussitôt !

Liégeois framboise

Pour réaliser rapidement et sans cuisson un petit dessert « qui en jette », optez pour cette succulente recette ! Bien gourmande mais plutôt légère, elle constituera un dessert idéal après un repas un peu festif.

Pour 4 verrines
Préparation : 10 minutes

- 150 g de framboises
- 150 g de tofu soyeux
- 100 g de miel d'acacia + 2 c. à soupe
- 40 cl de crème de coco (voir « bonnes adresses », p. 119)
- Un peu de cacao en poudre
- 1 c. à soupe d'extrait de vanille

Mixer les framboises avec le tofu soyeux bien égoutté, 100 g de miel et 20 cl de crème de coco, jusqu'à l'obtention d'une texture fluide et bien veloutée.

Remplir au tiers quatre verrines, puis saupoudrer de cacao à l'aide d'une passoire à thé (cela permet d'obtenir une jolie texture marbrée). Compléter de crème jusqu'aux deux tiers de la verrine.

Fouetter la crème de coco, l'extrait de vanille et le miel restants en chantilly (voir p. 17), puis déposer une rosace de crème sur chaque verrine. Poudrer de cacao avant de servir.

Tiramisu *sudamericano*

Non pas que le tiramisu soit LE dessert traditionnel d'Amérique Latine, mais bon... Quand la même recette réunit à la fois du rhum de Cuba, de la vanille de Tahiti, du chocolat d'Équateur, du café de Colombie, du sirop d'agave du Mexique et de l'avocat du Pérou, difficile de continuer à penser qu'il s'agit d'un dessert italien. Alors, oubliez les mandolines de Venise et savourez-moi plutôt ça au son du *charango*... vous m'en direz des nouvelles !

Pour 4 personnes
Préparation : 10 minutes
Réfrigération : au moins 4 heures

Pour la mousse

* 2 œufs extra-frais
* 1 avocat Haas mûr à point (voir encadré)
* Une giclée de jus de citron
* 2 c. à soupe d'extrait de vanille liquide
* 5 cl de sirop d'agave

Pour le sirop d'imbibage

* 5 cl de café expresso très serré
* 3 cl de sirop d'agave
* 1 c. à soupe de rhum ambré

Autres

* Environ 12 biscuits à la cuillère (voir p. 49)
* Cacao en poudre

Séparer les blancs des jaunes d'œufs.

Mixer les jaunes avec la chair de l'avocat, une giclée de jus de citron (pour empêcher la chair d'avocat de noircir, soit l'équivalent d'un quart de citron pressé), l'extrait de vanille liquide et les 5 cl de sirop d'agave.

Fouetter les blancs en neige souple, puis les incorporer à la maryse dans la crème d'avocat, en soulevant le mélange dans un mouvement tournant.

Mélanger tous les ingrédients du sirop dans une assiette creuse.

Remplir un compotier ou un petit saladier (d'environ 16 à 18 cm de diamètre), de préférence transparent, en alternant couches de biscuits (très rapidement imbibés dans le sirop de café) et mousse à l'avocat, en les séparant à chaque fois d'un fin saupoudrage de cacao pour créer de jolies marbrures. Bien veiller à ce que la couche de mousse soit assez fine entre les biscuits, car elle restera beaucoup plus fluide qu'une préparation au mascarpone et sans cela, le tiramisu serait trop liquide.

Laisser reposer au moins 4 heures au frais avant de savourer.

Ne vous trompez pas !
Très doux et crémeux, l'avocat mixé remplace étonnamment bien le mascarpone, pour une version à la fois originale, très gourmande et sans lait du célèbre tiramisu. Mais attention au choix de l'avocat, **capital** dans la réussite de cette recette ! Il doit absolument s'agir d'un avocat de variété Haas, ceux qui présentent une peau très noire (virant parfois très légèrement sur le vert sombre ou le violet), brillante, bien bosselée, et dont la chair jaune, fondante et au parfum de noix se fond délicieusement dans les desserts. Ne prenez surtout pas une de ces variétés à la peau vert vif dont la chair, beaucoup plus aqueuse, manquerait terriblement d'onctuosité, sans compter cette saveur trop « verte » qui gâcherait immanquablement votre tiramisu !

Petites crèmes au tofu soyeux, framboise et « chocolat » blanc

Cette recette est certainement l'une des plus simples de ce livre, pour un résultat aussi époustouflant d'un point de vue gustatif que visuel ! Sans un gramme de « vrai » chocolat blanc, la saveur de la crème blanche s'en rapproche étonnamment, et forme avec la framboise un accord du tonnerre. Quant au tofu soyeux, il permet l'obtention d'une texture très gourmande et veloutée à souhait. Vous aurez du mal à ne pas entamer un deuxième pot !

Pour 4 personnes
Préparation : 10 minutes
Cuisson : quelques minutes
Réfrigération : au moins 6 heures

Pour la crème à la framboise

* 125 g de framboises bien mûres et de saison
* 170 g de tofu soyeux préalablement bien égoutté
* 90 g de miel d'acacia

Pour la crème saveur chocolat blanc

* 20 cl de crème de coco liquide (voir « bonnes adresses », p. 119)
* 30 g de beurre de cacao (voir « bonnes adresses », p. 119)
* 135 g de tofu soyeux préalablement bien égoutté
* 70 g de miel d'acacia
* 1 c. à soupe d'extrait de vanille
* 1 pincée de fleur de sel

Facultatif

* Quelques framboises entières pour décorer.

Mixer très soigneusement tous les ingrédients de la crème à la framboise. Réserver.

Faire chauffer la crème de coco à feu doux, puis y faire fondre le beurre de cacao. Ajouter tous les autres ingrédients de la crème saveur chocolat blanc et mixer très soigneusement aussi, de façon à obtenir une texture bien lisse et veloutée.

Remplir quatre ramequins à crème brûlée, en alternant les cuillerées de crème rose et blanche pour obtenir un aspect joliment marbré.

Mettre au frais au moins 6 heures, et servir bien frais avec éventuellement quelques framboises fraîches.

Entremets à la rose et fraise des bois

Un joli dessert léger et poétique, à réaliser aussi avec d'autres variétés de fraises bien parfumées quand la saison des fraises des bois sera terminée.

Pour 4 personnes
Préparation : 10 minutes
Cuisson : quelques minutes
Réfrigération : au moins 6 heures minimum

* 7 c. à soupe de sirop d'agave
* 3 c. à soupe d'eau florale de rose bio, bien parfumée et de qualité alimentaire
* 250 g de fraises des bois, ou d'un mélange de fraises des bois et de fraises normales (à défaut de fraises des bois, vous pouvez utiliser une variété très parfumée comme la Mara des Bois)
* 1 gousse de vanille
* ½ sachet d'agar-agar (soit environ 1 g)
* 60 g d'huile de coco vierge
* 2 blancs d'œufs
* Une dizaine de biscuits à la cuillère au sucre de bouleau (voir p. 49), ou du commerce (mais l'IG sera dans ce cas plus élevé)

Préparer le sirop en mélangeant trois cuillerées à soupe de sirop d'agave et l'eau de rose. Réserver.

Équeuter les fraises, les couper en quatre (inutile si ce sont des fraises des bois !), puis les mettre dans une casserole avec quatre cuillerées à soupe de sirop d'agave.

Fendre la gousse de vanille, gratter soigneusement les graines avec la lame d'un couteau lisse, puis ajouter le tout (graines + gousse) dans la casserole. Saupoudrer uniformément avec l'agar-agar, bien mélanger à froid, puis porter à ébullition sur feu doux, en mélangeant souvent. Compter 5 minutes d'ébullition, puis retirer la gousse de vanille, mixer bien soigneusement avec l'huile de coco vierge, et laisser un peu tiédir. Attention, la préparation ne doit pas non plus trop refroidir, car au-dessous de 25/27 °C, elle figerait sous l'action de l'agar-agar et on ne pourrait plus y incorporer les blancs en neige !

Pendant que la préparation à la fraise tiédit, fouetter les blancs en neige assez souple. En travaillant avec une maryse souple, les incorporer très rapidement à la crème de fraise tiède.

Tremper rapidement quelques biscuits dans le sirop à la rose et en tapisser le fond d'un petit saladier. Verser une couche de mousse encore tiède. Renouveler l'opération, et ainsi de suite, jusqu'à épuisement de la mousse à la fraise.

Mettre au frais au moins 6 heures, au mieux une nuit, puis servir saupoudré d'un fin voile de cacao.

Les beaux gâteaux des jours de fête

- Parfait glacé *Irish-coffee*
- Tarte au chocolat façon *Millionnaire Shortbread*
- Fondant coco-chocolat et sa crème anglaise aux agrumes
- Charlotte à la pomme acidulée, caramel à la fleur de sel
- Génoise aux fraises
- Gâteau-cocotte « Amandin » aux poires
- *Lemon cake* meringué
- Baba « Piña Colada »
- Fourré praliné noir
- Miroir chocolat-orange
- Charlotte des Alpes aux myrtilles, petits suisses et génépi
- Savarin aux pêches, sirop de thé jasmin
- Gâteau tout simple à la cerise noire, amandes et pépites de chocolat
- Gros gâteau mousseux au chocolat et éclats de fève

Parfait glacé *Irish-coffee*

Un joli dessert *vegan*, facile à préparer et qui en jette un max ! La texture de cette glace coco est tellement fondante que vos convives n'en reviendront pas... Respectez bien le temps de congélation : il peut varier d'une heure en plus ou en moins, mais pas plus.

Pour 4 à 6 personnes
Préparation : 10 minutes
Congélation : 4 heures

Pour la crème glacée de base
* 40 cl de crème de coco très froide
* 2 c. à soupe de sirop d'agave
* 1 c. à soupe d'extrait de vanille liquide

Pour la sauce chocolat Irish-coffee
* 10 cl de sirop d'agave
* 60 g de cacao
* 2 c. à café de bon whisky
* 3 cl d'expresso bien parfumé et très serré

Monter la crème de coco en chantilly avec le sirop d'agave et la vanille.

À part, mélanger tous les ingrédients de la sauce Irish-coffee. Verser sur la chantilly, puis mélanger de seulement cinq ou six coups de cuillère et transférer dans un moule à cake.

Mettre au congélateur pour environ 4 heures avant de servir découpé en tranches.

Tarte au chocolat façon *Millionnaire Shortbread*

Une ganache fondante très « forte en chocolat » qui cache sous ses notes intenses un caramel parfaitement crémeux, ni trop sucré, ni collant, relevé d'une pointe de fleur de sel… Inutile de préciser qu'il est difficile de résister à cette gourmandise absolue ! (Mais au fait… pourquoi résister ?)

Pour 8 personnes
Préparation : 30 minutes
Cuisson : 25 minutes au four, quelques minutes à la casserole
Réfrigération : au moins 6 heures

Pour la pâte à tarte

- 1 pâte à *bredele* (voir p. 23)

Pour le caramel

- 75 g de sucre de coco
- 1 bonne pincée de fleur de sel
- 2 c. à soupe d'eau
- 1 gousse de vanille
- 20 cl de crème de coco liquide
- 50 g d'huile de coco

Pour le glaçage au chocolat noir

- 10 cl de lait de soja-vanille
- 100 g de chocolat à 85 % coupé en morceaux
- Cacao en poudre

Préchauffer le four à 180 °C.

Étaler la pâte à bredele sur une épaisseur d'environ 6 mm et en foncer un moule à tarte de 22 cm de diamètre. Enfourner pour 15 minutes.

Pendant ce temps, découper dans les chutes de pâte des petits éléments (feuilles, étoiles, cœurs, fleurs…) à l'aide d'emporte-pièces fantaisie. Les enfourner 10 minutes seulement.

Pour le caramel, mettre le sucre de coco et le sel avec l'eau dans une petite casserole. Fendre en deux la gousse de vanille, puis en gratter les graines et mettre le tout (gousses + graines) dans la casserole. Faire chauffer à feu doux en mélangeant sans cesse, et dès que le caramel mousse bien, compter exactement 30 secondes de cuisson sans cesser de mélanger (attention, ça brûle vite !). Ajouter hors du feu la crème et l'huile de coco, bien mélanger puis en garnir le fond de tarte (réserver la gousse de vanille et la casserole ayant servi au caramel).

Suite de la recette page suivante.

◗ Mettre le tout au congélateur au moins 6 heures (voir encadré « À propos du caramel », page suivante).

◗ Quand le caramel a suffisamment épaissi, faire chauffer le lait de soja-vanille dans la casserole ayant servi à sa préparation (le peu de caramel qui reste parfumera ainsi la ganache au chocolat) en y ajoutant la gousse de vanille épuisée. Hors du feu, ajouter le chocolat, mélanger et attendre qu'il ait bien fondu. Bien lisser au fouet de façon à obtenir une ganache onctueuse. Retirer la gousse de vanille et étaler le chocolat sur la tarte en débordant un peu sur les trottoirs, de manière à y coller en couronne les feuilles (ou fleurs, cœurs, etc.) pour décorer.

◗ Remettre au frais jusqu'à ce que le chocolat ait durci (ce qui est assez rapide, le caramel étant encore très froid.)

◗ Après l'avoir généreusement poudrée de cacao à l'aide d'une passoire à thé, servir la tarte entièrement décongelée, à température ambiante, plutôt en petites parts car bien qu'à IG bas, elle est assez riche...

Conseil
Ne lésinez pas sur le saupoudrage de cacao : cela décore la tarte, et la légère amertume du cacao nature équilibre en outre délicieusement la douceur du caramel.

À propos du caramel
Le petit tour au congélateur est un passage obligé pour que l'huile de coco durcisse bien et que le caramel « prenne » sinon il restera liquide. Après, même une fois décongelé (ce n'est pas un dessert glacé, cette tarte se consomme à température ambiante !) il gardera sa texture épaisse et crémeuse, du moment que la température de la tarte ne dépasse pas 25 °C... Au-delà, il redeviendra trop liquide.

Fondant coco-chocolat et sa crème anglaise aux agrumes

Une recette super gourmande et réconfortante à souhait, histoire d'affronter les premiers frimas avec le sourire. Côté papilles, l'accord de saveurs est un pur enchantement, le tout avec des ingrédients sains et alternatifs, sans beurre, ni crème, ni sucres ou farines raffinés.

Pour 6 parts
Préparation : 10 minutes
Cuisson : 10 minutes chrono
Réfrigération : au moins 6 heures

Pour le fondant au chocolat

- 150 g de chocolat noir pâtissier à 70 %
- 7 cl de lait de soja-vanille
- 55 g d'huile de coco vierge
- 5 cl de sirop d'agave
- 1 c. à soupe d'extrait de vanille liquide
- 3 œufs extra-frais
- ½ sachet de poudre à lever
- 35 g de farine T110 de petit épeautre
- Cacao en poudre pour saupoudrer

Pour la crème

- 30 cl de lait de soja-vanille
- 1 gousse de vanille
- 5 cl de sirop d'agave
- 2 c. à café rases de farine T110 de petit épeautre (la même que celle du gâteau)
- 1 jaune d'œuf
- 20 g d'huile de coco vierge
- 2 pincées de cristaux d'huile essentielle « ronde d'agrumes » (en magasin bio) ou 10 gouttes d'agrumes bio (orange, mandarine, clémentine, pomelos, citron…) seules ou en mélange.

- Préchauffer le four à 180 °C.

- Faire fondre à feu très doux (ou au bain-marie) le chocolat avec le lait de soja-vanille, l'huile de coco, le sirop d'agave et l'extrait de vanille liquide.

- Séparer les blancs des jaunes d'œufs, puis, hors du feu, ajouter les jaunes au chocolat fondu.

- Fouetter les blancs en neige souple.

- Dans un bol à part, bien mélanger la poudre à lever et la farine, puis verser d'un coup dans le saladier des blancs en neige avec la préparation au chocolat. Tout travailler ensemble à la spatule souple pour mélanger sans trop faire retomber les blancs.

- Verser dans un moule à manqué bien huilé ou un cercle à pâtisserie de 16 cm de diamètre, et faire cuire 10 minutes chrono. Mettre au frais au moins 6 heures.

- Préparer la crème, en mélangeant bien à froid le lait, la gousse de vanille fendue en deux, le sirop d'agave, la farine et le jaune d'œuf. Ajouter l'huile de coco et faire chauffer en fouettant sans cesse. Dès que la crème nappe la cuillère (juste avant l'ébullition), éteindre le feu, retirer la gousse de vanille, ajouter les cristaux (ou les gouttes) d'huiles essentielles et donner un coup de mixeur pour émulsionner parfaitement le tout. Mettre au frais dans un bocal fermé.

- Servir le fondant avec la crème, en saupoudrant le tout d'un peu de cacao.

Charlotte à la pomme acidulée, caramel à la fleur de sel

Une recette automnale très régressive, histoire de retomber un peu en enfance le temps d'un dessert ou d'un goûter... Cette charlotte évoque à la fois le parfum d'un gâteau aux pommes de nos mamies et d'une tarte Tatin bien caramélisée. Quel délice !

Pour 8 personnes
Préparation : 30 minutes
Cuisson : environ 30 minutes
Réfrigération : une nuit + 3 heures

* 1,5 kg de pommes un peu acidulées (des Reinette par exemple)
* 50 g d'huile de coco
* 8 g d'agar-agar
* 2 petits verres d'eau (30 cl)
* Environ la moitié d'un quatre-quarts (voir p. 32)
* Une portion de caramel à la fleur de sel (voir p. 89)

Éplucher les pommes, les détailler en gros quartiers. Dans une grande poêle, faire chauffer 25 g d'huile de coco, puis y faire dorer la moitié des pommes, jusqu'à l'obtention de notes légèrement caramélisées sur toutes les faces.

Délayer 4 g d'agar-agar dans un petit verre d'eau froide, le verser dans la poêle et bien mélanger, de façon à déglacer les sucs de cuisson. Couvrir et continuer la cuisson jusqu'à ce que les pommes soient bien tendres. Réserver au chaud dans un saladier couvert, et procéder de la même façon pour la deuxième poêlée de pommes.

Huiler généreusement un moule à charlotte. Découper le quatre-quarts en tranches d'environ 1 cm d'épaisseur. Remplir le moule en alternant quartiers de pommes, cuillerées de caramel et tranches de gâteau. Bien tasser. Couvrir le moule à charlotte et le mettre au frais une nuit.

◗ Le lendemain, mettre la charlotte environ 3 heures au congélateur pour « frapper » la préparation et faire prendre le caramel (voir encadré « À propos du caramel », p. 90).

◗ Pour faciliter le démoulage, mettre un peu d'eau chaude dans un saladier, puis y déposer le moule à charlotte au « bain-marie » quelques instants. Renverser ensuite le moule sur un plat de service et taper un peu sèchement pour démouler. Si la charlotte se démoulait un peu difficilement, remettre le moule quelques instants dans l'eau chaude.

◗ Servir dès que la charlotte a entièrement dégivré, ou filmer et remettre au réfrigérateur sans s'inquiéter pour le caramel : une fois « frappé » au congélateur, il ne coule plus, même une fois entièrement décongelé.

À la place du quatre-quarts vous pouvez aussi utiliser du pain d'épice ou des biscuits à la cuillère. Choisissez bien en revanche une variété de pommes peu sucrées (pas de Golden par exemple), sinon votre charlotte serait vraiment trop douce et manquerait de « pep's ».

Génoise aux fraises

Ce gâteau, d'une exceptionnelle légèreté, évoque les meilleurs fraisiers de pâtissiers, en toutefois beaucoup plus simple côté réalisation. Déclinez-le aussi avec des framboises, ou tout autre fruit bien mûr de saison.

Pour 8 personnes
Préparation : 25 minutes
Cuisson : 15 minutes

Pour la génoise

- 4 œufs
- 10 cl de sirop d'agave
- ½ c. à café d'arôme d'amande amère pour pâtisserie
- 1 c. à soupe de rhum
- 100 g de farine de petit épeautre T110
- 60 g de farine d'orge mondé
- ½ sachet de poudre à lever

Autres

- 1 poignée d'amandes effilées
- 1 chantilly à la crème de coco (voir p. 17) ou à la crème de vache
- 350 g de fraises mûres à point, lavées, équeutées et coupées en deux

Préchauffer le four à 180 °C.

Faire toaster 1 minute les amandes à la poêle sèche, puis les laisser refroidir.

Beurrer soigneusement (au beurre, à l'huile de coco ou à la margarine bio non hydrogénée) un moule à savarin d'environ 24 cm de diamètre.

Casser les œufs entiers dans le bol d'un robot pâtissier, ajouter le sirop d'agave, l'arôme d'amande et le rhum, puis fouetter, d'abord à vitesse moyenne, puis en augmentant petit à petit jusqu'à la vitesse maximum. Le mélange doit mousser, blanchir et tripler de volume (on peut aussi réaliser cette opération au fouet électrique, cela prend juste un peu plus de temps qu'au robot pâtissier).

Mélanger les farines et la poudre à lever dans un bol, puis tamiser l'ensemble au-dessus des œufs fouettés. Mélanger délicatement le tout à la spatule souple, en soulevant la pâte dans un mouvement tournant.

Verser dans le moule, égaliser, enfourner pour 15 minutes, puis vérifier la cuisson en piquant à cœur le gâteau avec une pique métallique, laquelle doit ressortir parfaitement propre. Laisser refroidir entièrement, puis démouler sur le plat de service.

Ouvrir le gâteau en deux avec un couteau bien aiguisé, puis déplacer délicatement le morceau du dessus (attention, il est un peu fragile). Garnir la base de chantilly et de morceaux de fraises, puis reposer par-dessus l'autre moitié du gâteau.

Décorer avec des demi-fraises, parsemer d'amandes et servir aussitôt, ou remettre au frais jusqu'à 24 heures.

Gâteau-cocotte « Amandin » aux poires

Un gâteau simplissime (sans œufs à battre en neige, ni étapes compliquées…) et délicieux qui fait en outre son petit effet en arrivant sur la table, avec ses grosses poires entières enchâssées dans la pâte… Surtout, choisissez-les d'une variété bien parfumée (des poires Williams par exemple) et mûres à point ! Sinon, le gâteau ne serait pas si bon…

Pour un gâteau de 8 parts
Préparation : 10 minutes
Cuisson : 1 h 05

- 120 g de farine T110 de grand épeautre (ou, à défaut, de blé)
- 50 g de poudre d'amande
- ½ sachet de poudre à lever
- 130 g de miel d'acacia
- 115 g de purée d'amande blanche bien souple (voir p. 17)
- 1 c. à soupe de rhum ambré
- 1 c. à café d'extrait d'amande amère pour pâtisserie
- 4 œufs
- 6 poires Williams mûres à point
- 1 poignée d'amandes effilées

Préchauffer le four à 180 °C.

Mélanger dans un saladier la farine, la poudre d'amande et la poudre à lever, faire un puits.

Verser dans le puits le miel, la purée d'amande, le rhum, l'arôme d'amande et les œufs. Bien fouetter le tout, en incorporant la farine au fur et à mesure pour ne pas faire de grumeaux.

Chemiser une cocotte allant au four avec du papier cuisson. Y déposer un cercle à pâtisserie assez haut, au diamètre ajustable. Disposer les poires entières dans le cercle à pâtisserie, en ajustant le diamètre du cercle pour que les poires s'effleurent sans être complètement collées les unes aux autres. En revanche, elles peuvent toucher les bords du cercle. Verser la pâte entre les poires, bien égaliser.

Poser le couvercle de la cocotte, puis enfourner pour 50 minutes. Sortir rapidement la cocotte du four, enlever le couvercle, saupoudrer d'amandes effilées et remettre au four 15 minutes sans couvercle.

Servir tiède ou à température ambiante.

Lemon cake meringué

J'aime beaucoup les gros gâteaux façon *naked-cakes* anglo-saxons, où les différentes couches sont empilées telles quelles, avec de la crème qui déborde, de grosses coulures de meringue et tout et tout... Cela peut même être encore plus séduisant qu'un gâteau « tiré au cordeau » de pâtissier ! C'est surtout tellement plus simple à réaliser...

Pour 10 parts
Préparation : 35 minutes
Cuisson : 35 minutes au four + quelques minutes à la casserole
Refroidissement avant montage : au moins 2 heures

Pour le gâteau moelleux

- 6 œufs
- 15 cl de sirop d'agave
- Le zeste finement râpé d'un citron bio
- 3 cl de jus de citron
- 120 g de farine de grand épeautre T110
- 80 g de farine d'orge mondé
- 1 pincée de sel
- 1 sachet de poudre à lever

Pour la crème au citron

- 7 cl de jus de citron
- 10 cl de sirop d'agave
- 15 g de farine d'orge mondé
- 4 jaunes d'œuf extra-frais
- 100 g d'huile de coco

Pour la meringue vanillée

- 4 blancs d'œufs extra-frais
- 50 g de sucre de bouleau
- 1 c. à soupe d'extrait de vanille liquide

Pour la décoration

- Le zeste finement râpé d'un citron vert bio

Préparation du gâteau

Préchauffer le four à 180 °C.

Casser les œufs dans le bol d'un robot pâtissier, ajouter le sirop d'agave, le zeste et les 3 cl de jus de citron puis fouetter, d'abord à vitesse moyenne, puis en augmentant petit à petit jusqu'à la vitesse maximum. Le mélange doit mousser, blanchir et au moins doubler, voire tripler de volume. Cette opération prend plusieurs minutes, et sera plus facile à réaliser dans un robot pâtissier muni de son fouet à fil qu'au fouet électrique.

Mélanger les farines, le sel et la poudre à lever dans un bol, puis les tamiser au-dessus des œufs.

Mélanger délicatement le tout à la spatule souple, en soulevant la préparation dans un mouvement tournant. Verser aussitôt dans un moule à angel-cake (voir encadré, p. 102) de 25 cm de diamètre, ni graissé ni fariné. Égaliser et enfourner pour 30 à 35 minutes. Si le gâteau « bronze » trop vite, baisser la température à 150 °C en milieu de cuisson, sans jamais ouvrir la porte du four. Vérifier la cuisson avec une pique, puis sortir le gâteau du four et retourner le moule sur ses pieds. Le laisser refroidir ainsi, la tête en bas, au moins 2 heures, au mieux une nuit.

Suite de la recette page 102.

Crème au citron

◗ Mettre les 7 cl de jus de citron dans une petite casserole avec les 10 cl de sirop d'agave, les 15 g de farine d'orge mondé et les 4 jaunes d'œufs. Bien mélanger au fouet, puis faire chauffer à feu doux sans cesser de mélanger et éteindre le feu dès que la crème épaissit (elle doit « prendre » d'un coup en arrivant vers 80 °C). Y faire fondre hors du feu l'huile de coco, puis mixer le tout de façon à obtenir une crème bien lisse. Laisser refroidir à température ambiante.

Montage du gâteau

1. Ouvrir en deux le gâteau bien refroidi, avec précaution car il est un peu fragile.

2. Tartiner la base de crème au citron. Reposer par-dessus le deuxième disque de gâteau.

◗ Pour réaliser la meringue, fouetter les blancs d'œufs, d'abord à vitesse lente, puis en augmentant petit à petit la vitesse. Ajouter en deux fois les 50 g de sucre de bouleau, puis, vers la fin, l'extrait de vanille.

◗ Cesser de fouetter dès que la meringue fait des becs bien souples et brillants (comme sur la photo 1, p. 48).

3. Étaler joliment la meringue à la cuillère sur le dessus du gâteau.

4. Râper le zeste d'un autre citron par-dessus pour décorer, puis servir aussitôt ou mettre au frais jusqu'au moment du dessert (la meringue étant crue, ce gâteau ne se conserve pas plus de 12 heures au frais).

Une recette 2 en 1 !

Inspirez-vous de cette recette pour réaliser une succulente tarte au citron à IG bas : Il suffit de verser la crème au citron encore chaude dans un fond de tarte déjà cuit de 22 cm environ (voir par exemple la pâte à tarte p. 74), puis de laisser refroidir au frais ou à température ambiante. Quand la crème aura figé, étaler par-dessus la meringue, passer le tout 3 minutes sous le grill du four et le tour est joué !

Petit conseil

Juste un conseil pratique pour cette recette, certes un peu longue, mais pas très compliquée si on dispose d'un robot pâtissier : à défaut de moule à angel-cake de 25 cm de diamètre, utilisez 2 cercles à pâtisserie ou 2 moules à manqué de 24 à 25 cm, divisez la pâte entre les deux et faites cuire 20 à 25 minutes seulement. Vous assemblerez ensuite le gâteau exactement de la même façon, en nappant le premier gâteau de crème au citron, puis en déposant le deuxième par-dessus.

Tout est dans le moule !

L'utilisation d'un moule à angel-cake est LE secret pour obtenir des gâteaux ultra aériens malgré des farines à IG bas lourdes ou très complètes... En effet, lors de la cuisson, la pâte « escalade » comme un soufflet les hautes parois ainsi que la cheminée du moule, et comme l'ensemble refroidit « tête en bas », le gâteau ne s'affaisse pas.

PAS À PAS

Baba « Piña Colada »

Pour 8/10 parts
Préparation : 15 minutes
Cuisson : 30 à 35 minutes

Rhum, coco et ananas comme dans le célèbre cocktail… Ce gâteau féerique est à mon goût l'un des plus simples et des plus délicieux de ce livre ! À noter que, pour une fois, la version sans rhum fonctionne aussi très bien : vous pouvez donc totalement « zapper » la cuillerée dans la pâte, et remplacer les 5 cl de rhum du sirop par la même quantité d'eau. Ça fera moins authentiquement « piña colada », mais c'est tellement bon que vous n'aurez pas le choix : par sens du devoir et souci d'impartialité, il faudra vous dévouer pour goûter les deux !

Pour le sirop parfumé

- 7 cl d'eau
- 7 cl de sirop d'agave
- 5 cl de rhum ambré
- 1 gousse de vanille

Pour le gâteau

- 1 ananas mûr à point (soit 300 g de chair une fois épluché)
- 35 g d'huile de coco vierge (pour graisser le moule mais aussi pour parfumer le gâteau : ne pas remplacer)
- 3 œufs
- 7 cl de sirop d'agave
- 1 c. à soupe de rhum ambré
- 150 g de farine T110 de grand épeautre
- ½ sachet de poudre à lever
- Quelques lamelles de noix de coco

Pour la chantilly

- 40 cl de crème de coco liquide bien froide (voir « bonnes adresses », p. 119)
- 1 c. à café d'extrait de vanille liquide
- 50 g de sucre de coco ou de sucre de bouleau

Commencer par préparer le sirop afin que la vanille ait le temps de bien infuser : mélanger l'eau, le sirop d'agave et le rhum. Fendre la gousse de vanille en deux, gratter soigneusement les graines à l'aide d'un couteau lisse, puis mettre le tout (gousses + graines) dans une petite casserole. Laisser bouillir trois minutes à petit feu en fouettant de temps en temps, puis poser un couvercle et laisser infuser.

Pendant ce temps, préparer le gâteau. Préchauffer le four à 180 °C.

Éplucher l'ananas, prélever 300 g de chair et la couper en petits morceaux d'1 cm de côté environ.

Graisser un moule à savarin de 24 cm de diamètre environ avec l'huile de coco.

Fouetter au robot les œufs avec le sirop d'agave et la cuillerée à soupe de rhum, jusqu'à ce que le mélange blanchisse, mousse et double au moins de volume.

◗ Mélanger à part la farine et la poudre à lever, puis tamiser le tout au-dessus des œufs fouettés. Ajouter les dés d'ananas et mélanger le tout (œufs + ananas + farine) à la spatule souple, en soulevant le mélange dans un mouvement tournant jusqu'à ce que tout soit bien homogène. Ne pas travailler trop longtemps pour ne pas faire retomber les œufs.

◗ Verser la préparation dans le moule à savarin, enfourner pour 10 minutes à 180 °C, puis baisser la température à 150 °C pour les 20 minutes restantes, sans ouvrir le four entre temps.

◗ Au moment de sortir le gâteau, le piquer avec une brochette ou la pointe d'un couteau, qui doit ressortir propre : si de la pâte non cuite y adhère (et pas seulement un peu de jus d'ananas, pour le cas où vous auriez piqué pile poil sur un morceau) ajouter 5 minutes de cuisson.

◗ Quand le gâteau est sorti du four, le piquer sur toute la surface à l'aide d'une fourchette afin que le sirop puisse facilement être absorbé. Imbiber ensuite le baba tout doucement, cuillerée après cuillerée, jusqu'à absorption de tout le sirop. Laisser entièrement refroidir dans le moule à savarin, puis décoller délicatement les bords à l'aide d'une spatule ou d'un couteau et renverser le baba sur un plat de service.

◗ Fouetter la crème de coco bien froide en chantilly épaisse avec la vanille et le sucre, en garnir le baba, décorer de quelques lamelles de noix de coco et servir aussitôt !

Fourré praliné noir

Une génoise toute légère à la noisette, une mousse sublime au parfum évoquant une célèbre pâte à tartiner, le tout surmonté de fruits à coques caramélisés et de coulures de chocolat noir craquant pour créer un petit contraste de texture des plus gourmands : ce gâteau est un délice...

Pour 8 personnes
Préparation : 30 minutes
Cuisson : 20 minutes
À préparer la veille

Pour la génoise

- 125 g de poudre de noisette
- 4 œufs
- 3 c. à soupe de sirop d'agave
- 3 c. à soupe d'eau

Pour la crème pralinée au chocolat

- 5 cl de lait de soja-vanille
- 5 cl de sirop d'agave
- 1 c. à soupe d'extrait de vanille liquide
- 400 g de tofu soyeux
- 85 g de purée de noisette grillée (voir « bonnes adresses », p. 119)
- 2 œufs extra-frais
- 250 g de chocolat noir à 85 % coupé en petits morceaux

Pour la finition du gâteau

- 75 g de noisettes, ou de fruits secs en mélange
- 2 c. à soupe de sirop d'agave
- 50 g de chocolat noir à 85 %

Génoise

La veille, préchauffer le four à 180 °C. Préparer la génoise comme indiqué p. 97, la verser dans un cercle de 20 cm de diamètre et enfourner pour 20 minutes. Laisser ensuite refroidir dans le cercle.

Mousse pralinée

Pendant ce temps, faire chauffer dans une casserole le lait de soja-vanille avec les 5 cl de sirop d'agave, l'extrait de vanille, le tofu soyeux très bien égoutté et les 85 g de purée de noisette. Quand le mélange est bien chaud (ne surtout pas le porter à ébullition), y ajouter les 250 g de chocolat. Mélanger, poser un couvercle et laisser fondre hors du feu.

Quand le chocolat est fondu, ajouter les deux jaunes d'œufs, transférer dans un robot et mixer pour obtenir une crème très lisse, onctueuse, légèrement mousseuse. Fouetter les blancs en neige, puis les incorporer délicatement avec une spatule souple.

Montage

◗ Démouler la génoise, laver et sécher soigneusement le cercle à pâtisserie. Ouvrir la génoise en deux avec un grand couteau. Poser le premier disque au fond du cercle à pâtisserie, bien le serrer autour, verser la moitié de la mousse au chocolat, poser le deuxième disque, napper avec la mousse restante et égaliser.

◗ Réserver au frais au moins 8 heures.

Finition

◗ Faire fondre les 50 g de chocolat restant dans un bol au bain-marie.

◗ Faire caraméliser les fruits secs comme indiqué dans l'encadré. Retirer le cercle à pâtisserie et décorer le gâteau en le striant de coulures de chocolat noir fondu, puis en disposant joliment les fruits secs par-dessus.

Faire « caraméliser » des fruits secs pour décorer un gâteau

- Choisissez 75 g de fruits secs entiers, et les brasser dans une passoire à larges trous pour s'assurer qu'il ne reste pas de petits éclats (qui brûleraient et donneraient un mauvais goût).
- Faire chauffer une poêle à feu moyen, puis y verser les fruits secs. Compter 1 minute 30 de cuisson très précisément, en mélangeant doucement avec une spatule plate. Mettre ensuite la poêle sur feu très doux, ajouter d'un coup deux cuillerées à soupe de sirop d'agave, mélanger, ajouter 1 minute pile de cuisson sans cesser de mélanger (attention, ça brûle très vite !).
- Verser immédiatement sur un papier cuisson, en espaçant les fruits secs, qui sinon se colleraient entre eux. En refroidissant, ils deviendront croustillants et prendront un petit goût de nougatine.
- Attention toutefois, car ils perdent de leur croquant après passage au réfrigérateur : mieux vaut donc les réaliser au dernier moment.

Miroir chocolat-orange

L'accord parfait entre une mousse au chocolat particulièrement aérienne et la petite note agréablement acidulée de la gelée à l'orange, sur un biscuit léger au Grand Marnier. Un grand gâteau très facile à réaliser et du plus bel effet!

Pour 10 personnes
Préparation : 35 minutes
Cuisson : 20 minutes
Réfrigération : 30 minutes + 6 heures

Pour la génoise à l'amande

- 125 g de poudre d'amande blanche
- 4 œufs
- 3 c. à soupe d'eau
- 3 c. à soupe de sirop d'agave
- ½ c. à café d'extrait d'amande amère pour pâtisserie
- 3 c. à soupe de Grand Marnier (pour imbiber le gâteau)

Pour la mousse au chocolat

- 300 g de chocolat noir à 85 %
- 40 cl de crème de soja liquide
- 4 c. à soupe de sirop d'agave
- 4 œufs
- 10 gouttes d'HE d'orange douce

Pour la gelée à l'orange

- 30 cl de jus d'orange fraîchement pressé et passé au tamis pour retirer la pulpe)
- 1 sachet de 2 g d'agar-agar
- 4 c. à soupe de sirop d'agave
- 10 gouttes d'HE d'orange douce

Génoise

- Préchauffer le four à 180 °C.
- Mélanger la poudre d'amande avec les jaunes d'œufs, les trois cuillerées à soupe d'eau, de sirop d'agave et l'extrait d'amande amère.
- Fouetter les blancs en neige et les incorporer délicatement à la préparation.
- Verser au fond d'un cercle à pâtisserie de 22 cm et cuire 20 minutes.

Mousse au chocolat

- Faire fondre le chocolat à feu très doux avec la crème de soja et les quatre cuillerées de sirop d'agave. Mixer soigneusement avec les quatre jaunes d'œufs et les 10 gouttes d'huile essentielle d'orange.
- Battre les quatre blancs d'œufs en neige, incorporer délicatement à la préparation.
- Dès que la génoise sort du four, l'imbiber avec le Grand Marnier puis verser la mousse et égaliser.
- Réserver au frais 30 minutes (ou au congélateur 10-15 minutes), jusqu'à ce que la mousse soit prise.

Gelée à l'orange

◗ Mélanger le jus d'orange avec l'agar-agar et les quatre cuillerées à soupe de sirop d'agave.

◗ Chauffer jusqu'à ébullition, fouetter 1 minute puis éteindre le feu. Ajouter les 10 gouttes d'huile essentielle et fouetter de nouveau. Laisser tiédir un peu mais pas refroidir totalement car l'agar-agar « prend » vers 25 °C.

◗ Verser délicatement cuillère après cuillère sur la mousse au chocolat bien refroidie et garder au moins 6 heures au frais. Retirer le cercle à pâtisserie avant de servir, éventuellement décoré de tranches d'orange et de copeaux de chocolat.

Charlotte des Alpes aux myrtilles, petits suisses et génépi

Petit suisse au lait entier, myrtilles sauvages et lichette de génépi, le parfum très gourmand de cette jolie charlotte violine évoque les vacances d'été à la montagne !

Pour 8 personnes
Préparation : 25 minutes
Cuisson : 10 à 12 minutes
Réfrigération : au moins 6 heures

Pour la mousse

* 1 gousse de vanille
* 300 g de myrtilles sauvages fraîches ou surgelées
* 4 g de poudre d'agar agar
* 125 g de miel d'acacia
* 4 petits suisses au lait entier, à température ambiante (surtout pas trop froids !)
* 3 œufs extra-frais

Pour le sirop

* 3 c. à soupe de liqueur de génépi
* 2 c. à soupe de miel
* 2 c. à soupe d'eau

Autre

* Environ 24 biscuits à la cuillère

Fendre la gousse de vanille en deux, puis en gratter les graines. Mettre le tout (gousses + graines) dans une casserole. Ajouter les myrtilles, l'agar-agar, le miel et bien mélanger. Faire chauffer à feu doux, et dès que le mélange arrive à ébullition, compter 10 à 12 minutes de cuisson, le temps de bien faire réduire le jus des myrtilles. Mélanger de temps en temps.

Pendant ce temps, séparer les blancs des jaunes d'œufs, mettre les jaunes dans le bol d'un robot mixeur et fouetter les blancs en neige souple. Bien égoutter les petits suisses et les ajouter dans le bol du robot avec les jaunes.

Mélanger tous les ingrédients du sirop dans une assiette creuse. Réserver.

Dresser des biscuits à la cuillère tout autour d'un cercle à pâtisserie de 18 cm de diamètre posé sur un plat de service. Pour qu'ils tiennent bien droits, redécouper légèrement leur base en biseau, de façon à ce qu'ils s'appuient bien sur

la paroi du cercle. Quand le cercle est formé (on n'imbibe pas les biscuits du tour), tremper rapidement 3 ou 4 biscuits dans le sirop, les couper en deux et bien en tapisser le fond du cercle.

◗ Quand les myrtilles sont cuites et ne baignent plus que dans un fond de jus bien épais et sirupeux, retirer la gousse de vanille et les verser dans le bol du robot. Mixer immédiatement avec les petits suisses et les jaunes d'œufs, puis verser dans les blancs et mélanger rapidement à la spatule, sans laisser le temps à la mousse de refroidir (car attention, l'agar-agar fait sa prise vers 25 °C).

◗ Verser la moitié de la mousse dans le cercle, tapisser de biscuits trempés, puis verser le reste de mousse et égaliser. Mettre au frais au moins 6 heures.

◗ Le lendemain, desserrer le cercle et décorer la charlotte avec des myrtilles fraîches, des fleurs et/ou un peu de chantilly (traditionnelle ou à la crème de coco, au choix).

TEA
Thé Vert

Savarin aux pêches, sirop de thé jasmin

Peu de gâteaux peuvent se vanter d'être à la fois si simples à réaliser et si « chics » ! Idéal à la belle saison pour sublimer de bonnes pêches mûres à point, il vous permettra de recevoir vos amis (et de les épater !) avec un minimum de travail...

Pour 8 à 10 parts
Préparation : 15 minutes
Cuisson : 35 à 40 minutes

Pour le gâteau

- 3 grosses pêches mûres à point (soit 345 g de chair une fois dénoyautées)
- 55 g de farine T110 de grand épeautre
- 50 g de farine d'orge mondé
- 50 g de son d'avoine
- ½ sachet de poudre à lever
- 20 cl de crème de coco liquide (voir « bonnes adresses », p. 119)
- 3 œufs fermiers de taille moyenne
- 5 cl de sirop d'agave
- 1 c. à soupe de rhum
- 1 c. à soupe d'extrait de vanille liquide
- Huile de coco vierge pour le moule

Pour le sirop

- 10 cl d'eau
- 2 c. à café légèrement bombées de thé vert au jasmin
- 7 cl de sirop d'agave

Préchauffer le four à 180 °C.

Couper les pêches en cubes (en gardant la peau si elles sont bio).

Mélanger les farines, le son d'avoine et la poudre à lever. Faire un puits, y verser la crème de coco, les œufs, 5 cl de sirop d'agave, le rhum et l'extrait de vanille. Bien fouetter pour mélanger. Incorporer les morceaux de pêche à la pâte, mélanger à la cuillère.

Graisser soigneusement avec de l'huile de coco un moule à kouglof ou à savarin (le tout étant qu'il soit en forme de couronne) de 23 cm de diamètre environ. Y verser la préparation et enfourner pour 35 à 40 minutes, en surveillant que le dessus du gâteau soit bien caramélisé (un peu comme des cannelés) mais pas brûlé (si besoin, baisser au bout de 25 minutes la température du four à 150 °C). Piquer le gâteau pour vérifier sa cuisson à cœur avant de le sortir : la pointe du couteau pourra ressortir un peu humide à cause du jus des pêches, mais la pâte ne doit pas y adhérer.

Pendant ce temps, porter les 10 cl d'eau à ébullition. Hors du feu, y jeter les feuilles de thé au jasmin. Laisser infuser 3 minutes, puis filtrer, ajouter juste ce qu'il faut d'eau pour retrouver 10 cl de liquide précisément, puis ajouter le sirop d'agave et mélanger. Napper le gâteau (tiède, et encore dans son moule) avec le sirop, attendre qu'il ait tout absorbé puis le démouler sur un plat de service (ne pas le mettre au frais avant, cela ferait durcir l'huile de coco et vous auriez du mal à le démouler).

Gâteau tout simple à la cerise noire, amandes et pépites de chocolat

Pour réussir à la perfection ce si joli gâteau, choisissez des cerises bien mûres et très douces, dont la saveur se marie bien mieux avec le chocolat que les variétés un peu acidulées. La petite note d'amande amère est quant à elle totalement incontournable, réalisant « un trio de choc » tout à fait irrésistible avec la cerise et le chocolat !

Pour 8 à 10 parts
Préparation : 15 minutes
Cuisson : 30 à 35 minutes

- 450 g de cerises (soit environ 375 g de cerises dénoyautées et équeutées)
- 100 g de farine T110 de petit épeautre
- 60 g de son d'avoine
- 1 sachet de poudre à lever
- 1 yaourt de soja
- 3 œufs moyens
- 10 cl de sirop d'agave
- 90 g de purée d'amande blanche bien souple (voir p. 17)
- 1 c. à soupe de rhum
- ½ c. à moka d'arôme naturel d'amande amère pour pâtisserie
- 1 c. à soupe d'extrait de vanille liquide
- 75 g de pépites de chocolat
- 5 cl de lait d'amande (voir « bonnes adresses », p. 119)

▸ Préchauffer le four à 180 °C.

▸ Dénoyauter les cerises. Mélanger la farine, le son d'avoine et la poudre à lever. Faire un puits, y verser le yaourt, les œufs, le sirop d'agave, la purée d'amande, le lait, le rhum, l'arôme d'amande amère et l'extrait de vanille.

▸ Incorporer les cerises et les pépites de chocolat à la pâte, mélanger.

▸ Huiler ou beurrer un moule en couronne de 23 cm de diamètre. Y verser la préparation, lisser, enfourner pour 30 à 35 minutes, en surveillant que les bords du gâteau ne dorent pas trop (si besoin, baisser au bout de 20 minutes la température du four à 150 °C). Piquer le gâteau pour vérifier sa cuisson à cœur avant de le sortir.

▸ Servir idéalement encore tiède, ou à température ambiante.

Si vous n'avez pas de moule en forme de couronne, vous pouvez utiliser un simple moule à manqué de 22 cm de diamètre, mais la cuisson sera plus compliquée, car pour que le centre du gâteau soit bien cuit, il faudra compter 45 à 50 minutes de cuisson, et le tour risque d'être un peu plus « bronzé ».

Gros gâteau mousseux au chocolat et éclats de fève

Un sublime gâteau de fête qui surpassera haut la main les meilleures créations de pâtissiers, le tout avec très peu de gluten et aucun produit laitier… Difficile à croire ? Goûtez-y très vite, et après on en reparle…

Pour au moins 16 parts
Préparation : 35 minutes
Cuisson : 12 minutes
Réfrigération : 8 à 12 heures

Pour la génoise au cacao
* 3 œufs moyens
* 5 cl de sirop d'agave
* 1 c. à soupe de rhum
* 50 g de farine de petit épeautre T110
* 25 g de farine d'orge mondé
* 15 g de cacao en poudre
* 1 c. à café rase de poudre à lever

Pour la ganache aux éclats de fève
* 20 cl de crème de soja liquide
* 3 c. à soupe de sirop d'agave
* 1 c. à soupe d'extrait de vanille liquide
* 30 g d'huile de coco vierge
* 100 g de chocolat noir à 85 % en petits morceaux
* 1 c. à soupe bombée d'éclats de fève de cacao

Pour la mousse au chocolat noir
* 5 cl de lait de soja-vanille
* 1 c. à soupe de rhum ambré
* 35 g d'huile de coco vierge
* 200 g de chocolat noir à 70 % en morceaux
* 4 œufs
* 10 cl de sirop d'agave

Autre
* Cacao pour saupoudrer

Génoise

▸ Préchauffer le four à 180 °C.

▸ Au robot pâtissier muni d'un fouet à fils, fouetter pendant quelques minutes les œufs avec le sirop d'agave et le rhum, en augmentant progressivement la vitesse : il faut que le mélange blanchisse, mousse, épaississe et triple de volume (voir photo p. 19). Réserver.

▸ Mélanger dans un saladier les farines, le cacao et la poudre à lever. Les tamiser au-dessus des œufs fouettés, puis mélanger délicatement à la spatule souple en soulevant dans un mouvement tournant, pour ne pas faire retomber les œufs.

Suite de la recette page 118.

◗ Verser dans un cadre à pâtisserie de 22 x 28 cm environ (ou dans un cercle à pâtisserie d'environ 24 cm de diamètre), lequel sera posé sur une plaque de cuisson chemisée de papier. Égaliser, puis enfourner pour 12 minutes, jusqu'à ce que la génoise soit bien gonflée et cuite, même au milieu. Vérifier la cuisson à cœur avec une pique, et ajouter 2 ou 3 minutes de cuisson si besoin.

Ganache

◗ Faire chauffer la crème de soja, les 3 cuillerées à soupe de sirop d'agave, l'extrait de vanille et 30 g d'huile de coco. Hors du feu, ajouter 100 g de chocolat en petits morceaux et le faire fondre. Bien mélanger au fouet pour lisser parfaitement (ou mixer), puis ajouter les éclats de fève et verser dans le cadre sur la génoise. Égaliser.

Mousse

◗ Faire chauffer le lait de soja-vanille, la cuillerée de rhum et les 35 g d'huile de coco. Hors du feu, y faire fondre 200 g de chocolat et bien mélanger.

◗ Fouetter plusieurs minutes les œufs avec 10 cl de sirop d'agave, jusqu'à ce que le mélange blanchisse, mousse et triple de volume. Y verser la préparation au chocolat fondu et mélanger délicatement à la spatule souple, en soulevant le mélange dans un mouvement tournant.

◗ Verser sur la ganache, bien égaliser et mettre au frais 8 à 12 heures, toujours dans le cadre, en couvrant le tout de film alimentaire (attention qu'il ne fasse pas contact avec la mousse, s'il s'y collait, cela altérerait la présentation future du gâteau). Avant de servir, saupoudrer de cacao et découper le gâteau en 16 parts rectangulaires (ou en 20 parts plus petites, pour un café gourmand par exemple).

Astuce...
Pour découper des parts parfaites, tremper la lame du couteau dans un verre d'eau bouillante et l'essuyer entre chaque découpe !

Bonnes adresses

Parce qu'il y a parfois de grandes différences de saveur et de texture d'un produit bio à un autre, voici quelques marques que j'utilise très couramment et qui vous donneront toute satisfaction pour la réussite de vos recettes (tous ces produits se trouvent en magasin bio, sauf mention contraire)

Crème de coco liquide
Bjorg (en grande distribution)
Isola bio
Kara, briquette verte (celle qui « monte » le mieux en chantilly !) (en grande distribution, rayon produits asiatiques)

Beurre de cacao bio cru
Sol Semilla (www.sol-semilla.fr/accueil)
Keimling (www.keimling.fr)
Aroma-zone (www.aroma-zone.com)

Eau de fleur d'oranger
Aroma-zone

Lait d'amande vraiment bon, à la fois de texture et de saveur
Bjorg (en grande distribution)

Arôme d'amande amère pour pâtisserie
Nat'ali

Lait de soja nature
Produit assez « calibré », toutes les marques se valent à peu près. Le choisir **bio**, pour éviter le soja génétiquement modifié !

Lait de soja-vanille
Bjorg (en grande distribution)
Soy
Etc... (les laits de soja-vanille sont souvent très bons, quelle que soit la marque, y compris dans les marques bio de grande distribution : Carrefour Bio, Bio Village, etc.)

Farines d'orge mondé, son d'avoine
Celnat
Moulin des Moines

Farines de petit épeautre, de grand épeautre non hybridé
Le grenier d'épeautre (www.epeautre.net)

Purées d'amandes, de noisettes
Jean Hervé
Damiano

Purée de noisette toastée
Nocciola, de Damiano

Huile de coco vierge
Rapunzel
Bioplanète

Crème de soja liquide
Soy
Bjorg (en grande distribution)

Crème d'amande liquide, de texture et de saveur vraiment impeccable
Bjorg (en grande distribution)

Sirop d'agave
Jean Hervé
Damiano

Sucre de bouleau
Biosagesse

Sucre de coco
Biosagesse

Huiles vierges
Émile Noël

Tofu soyeux
Soy

Déjà parus aux éditions Terre vivante

- **Mes recettes détox super-gourmandes**
Marie Chioca et Dr Guy Avril

- **La cuisine de la minceur durable**
Avec 90 recettes savoureuses et bonnes pour la santé
Marie Chioca et Brigitte Fichaux

- **Mes confitures, compotes, fruits séchés, sirops...**
Plus de fruits, moins de sucres !
Marie Chioca et Delphine Paslin

- **Je mange "paléo" (ou presque !)**
50 recettes sans gluten, lactose, ni sucre
Amandine Geers et Olivier Degorce

- **Je réussis sorbets et glaces bio**
Sylvain Truffet et Frédérique Chartrand

- **Mes irrésistibles recettes au chocolat**
Manger sain... et gaourmand !
Marie Chioca

- **Mes bons desserts aux sucres naturels**
Miel d'acacia, sirop d'agave, sirop d'érable, stévia...
Marie Chioca et Delphine Paslin

- **Les secrets de la pâtisserie bio**
130 recettes saines et gourmandes
Marie Chioca

- **Je cuisine les fleurs**
50 recettes inattendues
Amandine Geers et Olivier Degorce

- **Le nouveau régime méditerranéen**
Pour protéger sa santé et la planète
Dr Michel de Lorgeril, Patricia Salen

- **Cuisiner sans lait !**
100 recettes riches en calcium
Marie Chioca

> Découvrez les autres titres publiés par Terre vivante sur l'habitat sain, le jardinage biologique, le bien-être et l'alimentation, l'écologie pratique au quotidien sur **www.terrevivante.org**

Terre vivante
Domaine de Raud
38710 Mens
04 76 34 80 80

www.terrevivante.org

Achevé d'imprimer en France en décembre 2019
par Chirat (Saint-Just-la-Pendue)
N° 201910.0374 - Dépôt légal : avril 2016

PEFC 10-31-1895